U0493114

多区块仓库下订单分批与拣选路线规划研究

DUOQUKUAI CANGKU XIA DINGDAN

——FENPI YU JIANXUAN LUXIAN GUIHUA YANJIU——

陈方宇 著

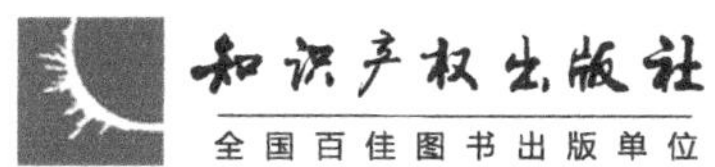

图书在版编目（CIP）数据

多区块仓库下订单分批与拣选路线规划研究 / 陈方宇著 . —北京：知识产权出版社，2017.12

ISBN 978-7-5130-5339-6

Ⅰ. ①多… Ⅱ. ①陈… Ⅲ. ①物资配送 – 研究 Ⅳ. ①F252.14

中国版本图书馆 CIP 数据核字(2017)第 311894 号

内容提要

本书从实际项目实践出发，以蚁群算法、信息共享等方法与技术为基础，从订单分批与拣选路线规划及其相关环节的策略设计上着手尝试解决订单拣选作业中由复杂性、动态性和不确定性产生的问题。针对多区块仓库，本书分别设计了针对单拣货员的基于偏离度的订单拣选路线规划算法、针对双拣货员和多拣货员的基于蚁群算法的考虑堵塞的订单拣选路线规划算法、针对在线订单的订单分配与路线规划算法 Green-Area。所设计算法效率均在各自仿真实验中得到验证，与传统方法相比有很强的实用性。

责任编辑：李娟　　　　**责任印制**：孙婷婷

多区块仓库下订单分批与拣选路线规划研究

陈方宇　著

出版发行：	知识产权出版社有限责任公司	**网　　址**：	http：// www. ipph. cn
电　　话：	010 – 82004826		http：//www. laichushu. com
社　　址：	北京市海淀区气象路50号院	**邮　　编**：	100081
责编电话：	010 – 82000860转8689	**责编邮箱**：	lijuan1@cnipr.com
发行电话：	010 – 82000860转8101	**发行传真**：	010 – 82000893
印　　刷：	北京中献拓方科技发展有限公司	**经　　销**：	各大网上书店、新华书店及相关专业书店
开　　本：	720mm×1000mm　1/16	**印　　张**：	13
版　　次：	2017年12月第1版	**印　　次**：	2017年12月第1次印刷
字　　数：	175千字	**定　　价**：	58.00元

ISBN 978 – 7 – 5130 – 5339-6

目 录 CONTENTS

1 绪　论

1.1 研究背景

本著作来源于工作期间主持并参与的以下科研项目。

国家自然科学基金青年项目："电子商务环境下在线订单拣选策略设计研究"（项目编号：71701213）、"不确定需求环境下汽车供应网络的牛鞭效应研究"（项目编号：71401181）；

教育部人文社科青年项目："人因在订单拣选策略设计中的影响机制研究"（项目编号：15YJC630008）、"行为因素对供应链牛鞭效应的影响机制研究"（项目编号：14YJC630136）。

以及攻读博士学位期间参与的以下科研项目：

国家杰出青年基金："管理系统工程"（项目编号：71125001）；

长江学者和创新团队发展计划："复杂系统的动力学行为分析、优化与决策"（项目编号：IRT1245）。

1.2 问题提出、研究目的和意义

作为供应链的必要组成部分，仓库的主要作用是在供应链各个环节间提供缓冲以调节因产品季节性、批量生产运输、多供应商产品整合配送及个性化定制服务等因素带来的物料流转的波动。市场竞争的加剧意味着需要对产品配送网络的设计和运营不断地进行改进，这就转变为仓库提高运营效率的需求。随着更多企业开始将削减成本和提高生产效率的工作重心放在其组织内部的仓储设施和配送中心上，订单拣选作业开始受到管理人员和研究学者的重视[1-2]。订单拣选是为了响应客户订单需求，而从仓储区或缓冲区收集货物的作业过程，在人工作业仓储系统中，订单拣选是最消耗人力成本的运作环节，而在自动化仓库中，则是最消耗资源成本的运作环节[1]。因此，仓储管理的研究人员都将订单拣选视为提高生产率的关键措施。

近年来，在制造和配送领域的一些变化更是使得订单拣选作业流程的设计和管理变得更加重要和复杂。制造领域更多地采用如准时生产制（just-in-time，JIT）、供应商管理库存（vendor managed inventory，VMI）、小批次（small lot size）、直送工位交付（point-of-use delivery）、精细制造（lean production）及订单与产品的个性化定制等生产方式。在配送领域，管理者则更倾向于为客户订单提供更迅速快捷的服务。这些变化为仓储系统提出了新的需求，如更精密的库存控制、更短的响应时间和更多的产品多样性。为此，基于有成本、技术和管理规范上的优势，大量的大型仓库和配送中心相继适应这种需求。这类大型仓库和配送中心日吞吐量巨大，订单拣选流程的改善不仅能直接优化其自身的服务水平和降低运营成本，也能间接地提高整个供应链的管理水平。

订单拣选流程始于一个订单到达仓库，终于它被完成并移交至之后的运输环节。对于作业人员而言，这中间有许多环节会出现操作错误以影响到订单完成的准确性，更不用说时间上的消耗。这也恰恰是管理人员和研究人员着眼的优化空间。近年来，管理人员通过采用多种信息技术，如条码（bar coding）、无线射频识别（radio frequency identification devices，

RFID）[3]、电子地图[4]、室内定位（indoor positioning system）、自动导航（autonomous navigation）[5]和仓库管理系统（warehouse management systems，WMS）[6-7]等，以提高仓库的自动化、信息化程度[8]。这些新技术为改进订单拣选流程提供了技术基础，如订单实时拣选、多拣货员间通信、拣货流程全自动化。研究人员则将研究重点放在解决这一领域出现的新问题并提出新的解决方案，然而，目前的研究成果和实际需求之间仍然存在不小的差距。因为新的拣选模式尚未得到充分研究，拣选相关环节策略设计，如布局设计、货位分配、订单分配等的最优组合的确定也刚刚起步，而在拣选的各个环节中，更是有不少待解决的问题。在应用技术已经取得长足发展的背景下，复杂环境下的订单拣选相关环节策略设计更是凸显出解决问题的紧迫性。

以往的大多数研究，将订单拣选作业设置在简单的、静态的、确定的仓库环境中开展，这就意味着这类研究忽略了订单拣选作业中广泛存在着的复杂性、动态性及不确定性。这类差距体现在以下问题中：首先，多数拣选策略都是针对流程中的一个订单或一个拣货员进行，而实际作业中，拣选系统中会存在多个订单或多个拣货员，这类假设忽略了多个订单之间、多个拣货员之间的相互作用对拣选效率产生的影响；其次，订单的生成在很多研究中都是提前设置好，在之后的流程中都是静态的批量处理，现实情况中，订单是实时到达，批处理不能很好地满足快速响应的需求；最后，为了简化处理，订单的详细信息一般假设为确定，而且认为作业人员的拣选作业都能够正确无偏差地完成，而在电子商务大环境下，订单内容无法提前预知，更不用说实际情况下作业人员的误操作，导致订单的实际拣选过程有许多不确定性。

综上所述，针对拣选作业流程中普遍存在的复杂性、动态性及不确定性，对拣选作业流程各个环节进行建模与分析，对于降低仓库运营成本、提高供应链管理水平具有重要意义。本书旨在从项目实践出发，围绕订单拣选作业中的订单拣选路线规划问题，应用蚁群算法及信息共享等方法，探究拣选作业流程各环节的运行规律，为拣选作业中的布局设计、人员配置、拣选策略选择及技术应用等问题提出建议，同时，扩展了相关理论的应用领域。本书以订单拣选作业中的订单分批与拣选路线规划问题为核心，具体关注以下研究问题。

1）拣货员堵塞的订单拣选路线规划。绝大多数拣选策略研究[9-10]是假设仓库中只有一个拣货员（order picker），而实际操作中，为提高效率，仓库中会有多个拣货员同时工作。当多个拣货员同时访问同一个货位或通道时，堵塞情况就会发生[11]，这就意味着，现有的基于单个拣货员假设的拣选策略缺乏处理堵塞的机制。在堵塞发生时，拣货员为了避免冲突，只能原地等待，直到被占用的货位或通道能够被访问。这毫无疑问增加了拣选作业时间，而且增加的部分是不能带来任何附加价值的等待时间。所以，在规划拣货员的行走路线时，考虑拣货员堵塞的情况，在理论研究和实际应用方面都十分必要。

2）不确定信息环境下的订单拣选路线规划。传统的拣选策略设计中大多假设订单中的详细信息是可预知的，然而现实中订单内容无法预知且待拣选货物的规格与数量上存在差异。因此，拣选单个货位的拣选用时具有不确定性[12-13]，进而导致实际拣选作业中的相关作业信息具有不确定性。这种不确定性引发的问题对拣选效率有影响，且已有的拣选策略并不能完全应对。所以，考虑拣选作业信息的不确定性，对于设计适用于这种不确定信息环境下的订单拣选路线规划有实际意义。

3）在线环境下的订单分配与订单拣选路线规划。电子商务的兴起使得直接面向客户的配送中心订单与生产企业的内部订单有很大的不同。配送中心的客户订单一方面具有小批量、实时到达的特性，另一方面，有更高的快速响应、正确性、完整性的服务要求。这时，以往大多数研究中静态批量处理订单的思路[14–15]就显得不太符合要求。所以在在线环境下，设计出符合电子商务特性的订单分配与订单拣选路线规划方法具有十分重要的意义。

拣货员堵塞、不确定信息环境等问题是订单拣选研究中的热点与难点，但是现有研究集中在货位分配等战术层面，而在运作层面的相关环节设计中尚未得到充分涉及。本书通过研究针对拣货员堵塞、不确定信息环境等问题的订单拣选路线规划，既促进了相关理论的发展，也能够对实际拣选作业起到改进效率的指导作用。

1.3 相关文献综述

本节内容从介绍订单拣选策略的总体研究情况出发，紧密围绕本书研究的订单拣选路线规划问题，从研究涉及的拣货员堵塞、订单拣选的动态性与不确定性等方面进行分类综述。

1.3.1 订单拣选策略研究总体情况

关于订单拣选策略的研究国内外都有较长的发展历程，成果也十分丰富，相关的综述性文章见文献[2，16，17]。除了评价订单拣选系统的效率[18–19]，订单拣选策略的设计可以按照从战术层到运作层，并根据时间维度[16]分成如下几类，许多研究已就各自针对的具体领域展开。

1）仓库布局设计（layout design）。

为了最优化仓库利用率和提高拣选效率，对仓库设备的尺寸和位置进行选取与决定的过程即仓库布局设计。涉及订单拣选的布局设计问题可以分为两方面：订单拣选系统的设施选址和拣选系统内部的布局设计。第一类一般称为设施配置问题[20–22]，其主要内容是如何设置拣选、储存、打包等拣选相关作业设施，如堆垛机[23]、自动导引小车[24]等，以及相关设施，如托盘[25]、货架、拣选通道[26]的尺寸功能设计。该问题的目的是降低订单作业各环节间的运营成本及提高设施利用率，在自动化立体仓库领域比较受到关心[27-28]。文献[1]给出了几种比较有效的设计步骤，文献[29]则对该类问题做了详细综述。之后，文献[30]提出了一个规划作业区域和存储区设置的模型以及相应的启发式策略。第二类问题则是订单拣选研究更关心的问题，即存储区的设计。无论是平面（low-level）仓库[31-32]还是立体（high-level）仓库[33-34]，都会考虑通道（pick aisle）数量与长度、横向通道数量[35]等问题。此外，通道的布局方式也经常成为研究对象，除了比较经典的平行通道（parallel）式布局外，还有飞翼型（Flying-V）[36]、鱼骨型（Fishbone）[37]、U型[38]等布局。需要注意的是，布局问题与仓库采取的货位分配策略紧密相关，所以布局设计一般会针对具体的货位分配策略展开研究，如具体针对随机存储、分类存储等货位分配策略的布局设计[39-40]。

2）货位分配（storage assignment）。

产品在被拣选前，会放在仓库中，为了能在拣选时用最快的时间取出，管理人员会决定以什么样的方式为这些货物分配货位，哪些放在快速流通区域[41]，哪些放在长期存储区域，这种分配策略就是货位分配[42]。由于该问题是NP-Hard（non-deterministic polynomial，意为所谓的非确定性，意思是说，可用一定数量的运算去解决多项式时间内可解决的问题。NP问题通俗来说是其解的正确性能够被“很容易检查”的问题，这里“很容易检查”指的是存在一个多项式检查算法。相应的，若NP中所有问题到某一个问题是图灵可归约的，则该问题为NP困难问题）[43]，除了使用如分支定界法[44-45]这类常用算法外，更多的相关文献集中在启发式策略研究上[46]。相关综述[47-48]将常用的货位分配策略分为如下五类：随机存储（random storage）、最靠近出口存储（closest open location storage）[49]、定位存储

（dedicated storage）、分类存储（class-based storage）[50-52]和货物周转率存储（full turnover storage）[53-55]。近年来，随着数据挖掘在货位管理上的应用[56]，关联存储（correlated storage）[57-58]开始兴起，该策略是分析货物间的关联性，将经常会在订单中一起采购的货物放在邻近货位[59-60]。当然，也有使用如禁忌搜索（tabu search）[61-62]、遗传算法（genetic algorithm）[63-64]、模拟退火（simulated annealing）[65]等智能优化算法的相关策略。

3）作业分区（zoning）。

作业分区是将拣选区域分成数个工作区，拣选人员只完成其所委派区域内的待拣选货物[2]，目的是分解拣选任务后并行拣选以加快订单处理速度[66-68]。文献[69]认为分区和货位分配及订单分批综合考虑更能影响订单处理速度。因此，近年来该环节的策略也主要是与订单分批策略一起设计[70-72]，或者是研究在有分区情形下的货位分配优化问题[73]。

4）订单分批（batching）。

当单个订单的货物量较多，即订单尺寸（order size）较大时，则每个订单会单独完成，比如在一次拣选时只完成一个订单。这种拣选模式称为“单订单拣选”策略（single order picking policy）或是“按订单拣选”（pick-by-order）。然而，当订单尺寸很小时，则可以通过在一次拣选作业中完成一批订单的方式提高效率。订单分批策略的目的就是确定哪些订单可以构成一个拣选批次[74-75]。文献[76]认为订单分批策略主要分为两大类：位置邻近分批、时间窗分批。

位置邻近分批（proximity batching）是指将拣货点相邻近的订单组成一个批次，该类策略的主要问题是如何衡量这些假定将在同一批次拣选的订单之间的邻近度。文献[77-78]通过研究人工拣选的仓库中的邻近度分批算法，将这类问题定义为NP-Hard问题，因此，相关研究多用两类启发式方法：种子算法（seed algorithms）和节省算法（savings algorithms）。种子算法分为两步：(i) 按照随机、最多拣选位置、最长拣选路线等原则选择一个订单作为种子[79-80]；(ii) 按照与种子拣选路线重合度最高等原则将其他订单附加在该种子订单上[81]。节省算法则是基于文献[82]提出的针对车辆路径问题（vehicle routing problem）的Clarke-Wright（克拉克—莱特，外国人名）算法，选择分批后总距离最小的方案，文献[83]给出了四种基于该算法的分批策略。

时间窗分批（time window batching）是指将在一个时间间隔内到达的订单分为一个批次[84]。相关文献[84-85]通过仿真实验证明这种方式的准确率较高，且规则简单，比较容易在实际中应用。

除了这两类外，也有在计算机辅助[86]下，使用邻近搜索[87]、遗传算法[88-90]、禁忌搜索[91]、数据挖掘[92]、聚类分析[93-94]、模拟退火[95]及模糊逻辑[96]等方法寻找订单间的关联性，进行分批的思路。当然，也有一类联合优化研究，如拣选路线规划和分批策略联合优化[97-101]、分批策略与货位分配联合优化[102]及分批策略与拣选次序联合优化[103]等。最近，也有研究关注如何在分批过程中对堵塞问题进行应对[104]。

5）订单拣选路线规划（routing）。

订单拣选路线规划是在确定拣选任务后，为拣货员生成一条行走距离较短的拣选路线[105-109]。仓库管理优化的目的是在有限的人力、设备及资本条件下，最大化地提高服务水平[110]。服务水平由多种因素组成，如订单拣选服务时间、订单完整性及订单准确性等[2]。订单拣选与服务水平之间的关键联系就在于，订单如果能更快地拣选完成，就能更快地进入对客户的投递环节。在有运输批次的投递系统中，亦是如此，如果拣选效率低下，则会错过批次，客户的等待时间就更长。此外，更短的订单拣选服务时间也为处理在订单下达后发生的变动提供了更高的灵活性。因此，减少订单拣选服务时间就成为订单拣选流程优化的核心目的。尽管有的案例研究[111]

表明拣选作业中的其他活动也会对订单拣选服务时间产生潜在影响，但行走时间仍然构成了拣选服务时间的绝大部分。行走时间耗费了工作时间但没有增加价值[112]，所以行走时间自然就成为拣选服务时间优化的首选对象。大多数文献[113-114]都认为行走时间与行走距离成正相关，所以，研究如何取得最短的行走距离的订单拣选路线规划问题就显得十分重要。该问题无论是在自动化仓库还是传统仓库，都受到了足够的重视。所以，有一部分文献集中在设计订单拣选路线规划算法以取得最高的拣选效率[115-117]。关于订单拣选路线规划具体的研究情况将在1.3.2节做详细介绍。

1.3.2 订单拣选路线规划

由于仓库系统不同，对应的订单拣选路线规划算法的研究方式也多有不同。自动化仓库中由于信息化程度高，可以实现计算机辅助拣选，所以相应的订单拣选路线规划多采用智能优化算法，如蚁群算法[118]、遗传算法[119]等。对于应用范围最广的人工作业方式下的平行通道式仓库，更受研究人员和作业人员欢迎的是启发式策略，因为启发式策略得出的路线具有逻辑性且规则简单，便于在仓库中实施[78]。针对单区块平行通道式仓库，一个订单拣选路线规划最优算法最先在1983年被提出[115]。之后，文献[120]给出了几种常用的启发式策略，文献[121]将这些启发式策略与最优算法对比，发现这些策略与最优算法之间的差距在最佳时不超过5%，具有可操作性。针对实际中仓库存在多区块的情况，文献[117]提出，这些现有策略经过一些改动是可以应用在多区块仓库中的。之后，一些研究[116]给出了一些经过改进后应用于多区块仓库情形的策略。当然也有使用其他方法，如基于Lin & Kernighan[122]提出的k-opt（算法名）方法设计的订单拣选路线规划算法[123-124]。与本书密切相关的部分订单拣选路线规划算法与策略使用情况将在“2订单分批与拣选路线规划研究理论基础”中详细叙述。

当然，除了新算法的提出和算法效率对比，也有尝试将拣选路线规划和其他拣选环节的策略设计相结合进行综合优化的相关研究，这一类的文献如表1-1所示。

虽然现阶段人工作业仓库中多使用启发式策略，但随着信息技术的投入，在仓库中使用采用了最优算法规划拣选路线的信息化辅助拣选也成为可能。围绕本书的研究内容，下面针对订单拣选路线规划设计与研究中会涉及的拣货员堵塞、拣选作业不确定性与动态性两个方面展开文献综述。

表1-1　订单拣选路线规划与其他策略综合优化相关文献列表

文献	涉及策略			
	布局设计	货位分配	分区	订单分批
Petersen and Schmenner（1999）[9]		√		
Hwang et al.（2004）[10]		√		
Bozer and Kile（2008）[14]				√
Henn et al.（2010）[15]				√
Schleyer and Gue（2012）[19]				√
Roodbergen and Vis（2006）[31]	√			
Vis and Roodbergen（2011）[32]	√			
Chiang et al.（2011）[56]		√		
Parikh and Meller（2008）[71]			√	√
Yu and De Koster（2009b）[72]			√	√
Ho and Tseng（2006）[79]				√
Ho et al.（2008）[80]				√
Henn and Wäescher（2012）[91]				√
Chen et al.（2005）[92]				√
Hwang and Kim（2005）[93]				√
Chen and Wu（2005）[94]				√
Dekker et al.（2004）[111]		√		
Petersen and Aase（2004）[114]		√		
Bindi et al.（2009）[125]	√	√		

续表

文献	涉及策略			
	布局设计	货位分配	分区	订单分批
Chan and Chan （2011）[126]		√		
Petersen （1999）[127]		√		
Caron et al.（1998）[128]		√		
Roodbergen et al.（2008）[129]	√			
De Koster et al.（2012）[130]			√	√
De Koster et al.（1999）[131]				√
Bottani et al.（2012）[132]		√		
Hsieh and Huang （2011）[102]				√
周丽等（2011）[133]		√		
朱杰等（2011）[134]		√		
朱杰等（2012）[135]		√		

1.3.3 拣货员堵塞

在涉及作业层面，如货位分配、订单分批、拣选路线规划的策略设计相关文献中，绝大多数研究是针对一个拣货员展开的[9-10]，而现实中，多个拣货员在仓库中同时执行拣选任务的情况普遍存在。当多个拣货员在同一个区域拣选时，堵塞（congestion）就会在他们试图同时进入同一个通道拣选时发生[136]。堵塞发生时，拣货员不得不在通道口等待，这必然导致订单拣选延迟，同时会导致拣货员工作效率低下、更大的工作压力和更高的人力资本支出[137]。因此，文献[113]指出在多拣货员拣选系统中，拣选策略设计必须考虑堵塞。

近年来，关于拣货员堵塞的相关文献陆续出现。文献[11]指出，为了在有限的投资下提高仓库空间利用率，可以采用窄通道（narrow aisle，宽度仅供一个拣货员行走）模式，然而窄通道会带来更长的拣选距离和更多的堵塞，从而导致运营成本的增加，之后该文给出了一个使用单向行走通道的拣选系统中发生堵塞的分析与仿真模型。文献[138]提出了一个订单吞吐率模型，以衡量多拣货员环境下的拣选效率，并试图在拣选距离与由货位分配产生的堵塞之间寻求平衡，该文献在考虑堵塞的情况下，比较了两种常用的货位分配策略在不同需求分布中的表现。文献[139]给出了一个基于排队系统（GI/G/1）闭合排队网络的分析方法，以估算三种订单拣选路线规划算法在摘果式订单拣选系统中考虑多拣货员和通道堵塞情况下的订单服务时间，为验证该方法的有效性，文献给出了实验仿真测试，还在其中评价了该方法对拣货员数量、通道数量、订单尺寸及货位分配策略等参数的敏感性。文献[12]提出不只是针对窄通道，在宽通道（wide aisle，允许两个拣货员并行）中，虽然同时进入通道时不会发生堵塞，但在同时访问同一个货位时仍然会发生堵塞。之后，文中给出了针对宽通道的堵塞分析模型，并提出了一个概念：行走时间比（pick：walk-time ratio，PWR），以分析拣选时间对堵塞的影响。结论认为虽然宽通道堵塞比窄通道的情况要好，但同一个拣选位置如果用时过长，堵塞也会对拣选产生明显影响。之后，作者发现在以往文献中都是使用的确定拣选时间的假设，而不确定拣选时间的影响没有被研究过。因此，作者将PWR的概念用于窄通道情况下的堵塞分析[13]，并引入不确定拣选时间的假设。通过仿真实验，得出了不确定拣选时间对拣选效率有很明显影响的结论。

除了分析堵塞的影响，在针对拣货员堵塞的拣选策略设计上也有一些进展，在文献[140]中拣选模型构建成一个排队网络，然后给出了一个启发式货位分配策略，同时考虑了行走时间和堵塞等待时间，该策略减少了订单服务时间。作者又使用eM-plant（又称为SiMPLE++，是用C++实现的关于生产、物流和工程的仿真软件，它是面向对象的、图形化的、集成的建模、仿真工具，系统结构和实施都满足面向对象的要求）。建立了一个仿真模型将新策略和已有的几种货位分配策略做对比，证明了新策略在多拣货员环境中的优越性。文献[141]提出了一个订单分批和批次排序策略，该策略的目标函数将行走时间、拣选时间及堵塞等待时间都考虑在内。订单分批和发放执行的过程中都将堵塞考虑在内，仿真实验结果证明该策略通过减少堵塞发生节省了5%～15%的订单服务时间。实验也表明该策略在窄通道仓库中尤其有效。之后，文献[142]则是在给出了一个订单分批算法后，在验证实验中考察了该算法在堵塞情况下的表现。

综上所述，堵塞问题近年来开始引起研究人员的关注并有相关研究出现，但是，已有文献大多集中在衡量堵塞产生的影响，应对堵塞问题的方法也多从订单分批和货位分配两个环节的策略设计上入手。在与堵塞最相关的订单拣选路线规划和路线执行时如何应对堵塞方面的研究目前尚未出现，这难以满足现实拣选作业中对堵塞应对机制的需求。

1.3.4 订单拣选的动态性与不确定性

正如前文提到的，现代物流、电子商务的发展对拣选流程带来的最大挑战就是来自顾客需求的订单是动态产生的，更重要的是，顾客下达订单时，希望得到即时处理。可现有的策略中，如布局设计、货位分配、作业分区属于战术层面，与订单的即时处理关联不大，只有运作层面的订单分批和拣选路线规划更具有针对在线订单进行改进的可行性。

在订单分批策略方面，离线（静态）订单内容在开始分批前已经知道，而在线（动态）订单则是随时到达，内容无法提前获知[53]，所以，根据订单中货物的所处位置进行位置邻近分批的策略无法适用。处理这类在线订单，最常用的分批策略是时间窗分批[84-85]。该策略根据订单的到达时间将其分批为一个批次，主要可以分为两种：固定时间窗（fixed time window）和变动时间窗（variable time window）。固定时间窗是指将在一个固定时间段内到达的订单分批，变动时间窗则是将达到一定数量或者拣货员携带的容器容量上限的订单分批。文献[84]针对变动时间窗建立一个分析订单服务时间的模型，并通过仿真实验证明这种时间窗模式的准确率较高，且规则简单，比较容易在实际中应用。文献[85]描述了一个有限数量在线订单系统下的分批算法，并为该算法设计了一个使用S-Shape（S型策略）拣选路线规划策略的订单服务时间分析模型。文献[97]提出了一个将分批和拣选路线规划联合的算法，试图在总体服务时间和单个订单拣选服务时间之间取得平衡，其目标函数就是拣选服务时间和等待构建批次时间的加权和，唯一的缺陷是该方法假设订单的到达时间是已知的。针对一个双区块仓库，文献[143-144]验证了一个测算使用随机订单假设的批次作业时间的算法，其分析数据与文献[85]中使用均匀分布需求订单得出的结论相同。他们认为批次的作业时间是批次大小的凸函数，并发现：批次越大，每个单独订单的平均拣选服务时间越短，但等待构建批次的时间越长[145]；批次越小，等待构建批次时间越短，但平均拣选服务时间越长。其中，文献[144]同时还提出了该算法针对，如多拣货员等情况的扩展。文献[146]则是给出了一个队列模型以分析在双区块仓库中，固定时间窗和变动时间窗产生的单个订单的拣选服务时间。文献[147]针对动态拣选系统，提出了一个单物品订单动态拣选模型，在实验中，该方法能取得比现有的分批方式更短的订单拣选服务时间和响应时间。文献[148]试图将已有的静态分批方法通过启发式策略融合起来，以应用于在线订单处理，文献[149]则是针对在线订单，在考虑订单货位相似性和使用蚁群算法的基础上，给出一个订单分批和路线规划联合优化算法。

使用时间窗的最大难点在于其最佳批次尺寸受到多重因素，如通道数量与长度、订单到达速率的影响[150]。然而，在线环境中，客户对服务效率的要求更高，但拣选作业经常会偏离最佳作业参数[146]。此外，时间窗分批取得最高服务水平和最小化平均服务时间所需要设定的批次尺寸并不相同[19]。因此，并不存在一种时间窗分批模式能够满足多目标订单分批问题。

通过总结订单分批相关的研究成果，从表1-2可见，多数相关文献聚焦于人工拣选仓库、有限容量、启发式路线算法等主要假设。只有少部分文献关注在线环境，并且均假设订单无法被拆分，拣货员在拣选中不能对拣选任务进行修改。但是，在在线环境下我们认为可以通过对这些假设作适当放松以提高拣选效率。

此外，文献[12-13]提出订单拣选还具有不确定性，这种不确定性来源于拣选单个货物时的用时差异，并且在之后的实验分析中，作者认为这种不确定性会产生拣货员堵塞的问题。

表1-2 订单分批相关文献总结

文献	主要假设	解决方式
Bozer and Kile，2008[14]	离线；S-Shape；不许拆分订单	启发式
Chen and Wu，2005[94]	离线；S-Shap；有容量限制；不许拆分订单	聚类分析
Chen et al.，2005[92]	离线；S-Shape；有容量限制；不许拆分订单	数据挖掘
Chen et al.，2015[151]	离线；有容量限制；不许拆分订单	遗传算法
Cheng et al.，2015[100]	离线；有容量限制；不许拆分订单	粒子群算法
Chew and Tang，1999[85]	在线；S-Shape；不许拆分订单；恒定到达速率	启发式（时间窗）
De Koster et al.，1999[131]	离线；S-Shape 和 Largest Gap 最大间隔策略；有容量限制；不许拆分订单	启发式（种子算法）
Gademann and Van de Velde，2005[78]	离线；不考虑拣货员堵塞；不许拆分订单	分支定价
Gademann et al.，2001[77]	离线；不考虑拣货员堵塞；不许拆分订单	分支定界
Grosse et al.，2014[99]	离线；有容量限制；允许拆分订单	模拟退火算法
Henn and Schmid，2013[103]	离线；S-Shape 和 Largest Gap；有容量限制；不许拆分订单	邻近搜索
Henn and Wäescher，2012[91]	离线；S-Shape 和 Largest Gap；有容量限制；不许拆分订单	启发式（禁忌搜索）
Henn，2012[148]	在线；S-Shape 和 Largest Gap；有容量限制；不许拆分订单	启发式

续表

文献	主要假设	解决方式
Ho and Tseng，2006[79]	离线；Largest Gap；有容量限制；允许拆分订单；不考虑拣货员堵塞	启发式（种子算法）
Ho et al.，2008[80]	离线；Largest Gap；有容量限制；允许拆分订单；不考虑拣货员堵塞	启发式（种子算法）
Hong et al.，2012b[142]	在线；S-Shape；有容量限制；考虑拣货员堵塞	启发式
Hong et al.，2016[104]	离线；有容量限制；不许拆分订单；multiple pickers 考虑拣货员堵塞	启发式
Hong and Kim，2017[152]	离线；S-Shape；有容量限制；不许拆分订单	下界算法
Hsieh and Huang，2011[102]	离线；有容量限制；不许拆分订单	启发式（KMB and SOMB）
Hsu et al.，2005[88]	离线；S-Shape 和 Largest Gap；有容量限制；不许拆分订单	启发式（遗传算法）
Hwang and Kim，2005[93]	离线；S-Shape，return 和 midpoint；有容量限制；不许拆分订单	聚类分析
Kulak et al.，2012[98]	离线；有容量限制；不许拆分订单	启发式（禁忌搜索）
Lam et al.，2014[96]	离线；S-Shape；有容量限制；不许拆分订单	模糊逻辑
Le-Duc and De Koster，2007[144]	在线；S-Shape；无容量限制	启发式（时间窗）
Li et al.，2017[149]	在线；S-Shape；不许拆分订单	启发式
Lin et al.，2016[101]	离线；有容量限制；不许拆分订单	粒子群算法
Matusiak et al.，2014[95]	离线；有容量限制；不许拆分订单	模拟退火算法
Menéndez et al.，2017[87]	离线；S-Shape 和 Largest Gap；有容量限制；不许拆分订单	启发式（邻近搜索）
Pan et al.，2015a[74]	pick-and-pass 拣选；不许拆分订单	遗传算法
Pérez-Rodríguez et al.，2015[153]	在线；S-Shape；有容量限制；不许拆分订单	启发式
Ruben and Jacobs，1999[154]	离线；S-Shape；有容量限制；不许拆分订单	启发式（种子算法）
Schleyer and Gue，2012[19]	在线；S-Shape；有容量限制；不许拆分订单	启发式（时间窗）
Tang and Chew，1997[84]	在线；S-Shape；不许拆分订单；恒定到达速率	启发式（时间窗）
Tsai et al.，2008[89]	离线；有容量限制；允许拆分订单	遗传算法
Van Nieuwenhuyse and De Koster，2009[146]	在线；S-Shape；无容量限制	启发式（时间窗）

续表

文献	主要假设	解决方式
Won and Olafsson，2005[97]	离线；有容量限制；不许拆分订单	启发式
Xu et al.，2014[150]	在线；S-Shape；无容量限制；不许拆分订单	启发式（时间窗）
Yu and De Koster，2009[53]	在线；S-Shape；无容量限制；不考虑拣货员堵塞	启发式（时间窗）
Zhang et al.，2016[75]	在线；S-Shape；有容量限制；不许拆分订单	种子与节省算法

综上所述，以上文献主要用批处理的方式研究了订单的动态性问题，但是缺乏能够实时处理新到订单的策略设计研究，难以满足快速响应的要求。此外，虽然有文献提到了拣选作业的不确定性，但没有相关的文献在策略设计中考察这种不确定性带来的诸如拣货员堵塞等问题对拣选效率的影响，并尝试给出应对方法。

1.4 研究内容、思路与逻辑结构

本书旨在从实际项目实践中发现的问题出发，以蚁群算法及信息共享等方法与技术为基础，遵循从简单到复杂的原则，研究围绕订单拣选路线规划策略设计中遇到的拣货员堵塞、在线订单等问题。本书的研究内容、思路与方法如下。

首先，针对多区块仓库中的单拣货员，研究订单拣选路线规划。传统上，学者们针对这种类型的仓库习惯于使用专用启发式策略，而这类方法仅仅是分析要进入的通道中拣货点的分布情况，以判断当前通道采用何种拣选方式，进而生成整个拣选作业的行走路线。可想而知，这种决策只是根据当前通道情况设计方案，最多只是局部优化，也就是说现有启发式策略缺乏对整个仓库中的待拣选拣货点的整体分布的分析。本书在研究订单拣选路线规划时，避免了现有算法只考虑拣货点局部分布的不足，引入偏离度这一概念，在规划路线时，考虑拣货点整体分布对路线算法表现的影响，构建一个基于偏离度的单拣货员多区块订单拣选路线规划算法。

其次，针对双拣货员同时拣选的环境，研究考虑拣货员堵塞的订单拣选路线规划。本书以蚁群算法（ant colony optimization，ACO）为基础，构建了一个在拣选路线形成时就考虑到可能发生的堵塞，并作出应对的路线规划算法 A-TOP（ACO for Two Order Pickers），并在之后的仿真实验中验证了该算法的有效性。此外，在该仿真实验中证实了该算法处理堵塞的能力并分析了仓库布局、订单特征对该算法的影响。

再次，针对不确定信息环境，以及在该环境下发生的堵塞，研究不确定信息环境下考虑多拣货员堵塞的订单拣选路线规划。本书首先扩展了针对双拣货员的订单拣选路线规划算法，使其能够用于多拣货员环境；然后对不确定环境下多拣货员拣选系统进行分析，分析当信息环境具有不确定性对算法构建带来的困难，之后给出了通过信息共享、实现路线实时调整以解决在拣选时发生堵塞的订单拣选路线规划算法。

最后，针对随着电子商务的发展而出现的在线订单，研究在线订单的实时分配与拣选路线规划。本书对新到在线订单进行实时处理，并应用一种与拣选路线特征相结合的启发式方法对新到订单的拣选任务进行分配，并根据分配结果，对拣货员的拣选路线进行重新规划。在之后实验中，将该方法与相应的订单拣选路线规划算法相结合，分析了该组合在不同订单达到速率等因素下的表现。

遵循上述研究思路，本书的章节安排如下。

第1章　介绍研究背景、研究问题、目的及意义；围绕本书的研究问题，综述了拣选作业相关问题的研究现状；介绍本书的研究重点、研究思路、内容与方法；介绍全文的组织结构与章节安排。

第2章　介绍本书的研究对象，包括多区块仓库的布局和常用术语；介绍订单拣选路线规划问题的基本模型和性质；介绍常用的订单拣选路线规划启发式策略和其研究应用情况；之后，介绍常用的订单分批策略和其研究应用情况；最后，指出常用订单分批策略和拣选路线启发式策略在全局优化、应对拣货员堵塞、拣选任务的不确定性和动态性上的缺陷与不足。

第3章　在多区块单拣货员仓库环境中，提出一种基于偏离度策略的订单拣选路线规划算法，该算法在确定当前通道拣选方式时，将待拣选区块中所有拣货点的分布情况考虑在内；通过实验与已有的几种针对多区块的启发式策略进行对比，验证了新算法的有效性，并通过分析仓库布局对算法的影响，给出了仓库布局的设计建议。

第4章　针对拣选过程中出现的拣货员堵塞现象，建立了一个基于蚁群算法的考虑双拣货员堵塞的订单拣选路线规划算法；在构建拣选路线的过程中，将对堵塞的应对机制加入，为第二拣货员生成一条能缓和堵塞并减少拣选服务时间的拣选路线；通过仿真实验验证了算法，并分析了在各种仓库布局下堵塞发生的特点和算法得以优化的原因。

第5章　在注意到订单拣选的不确定性后，试图为不确定信息环境下的多拣货员建立能考虑堵塞的订单拣选路线规划算法。首先将考虑双拣货员堵塞的订单拣选路线规划算法扩展成针对多拣货员堵塞的订单拣选路线规划算法，然后通过分析不确定信息环境与确定信息环境的差异，得出了需要信息共享、室内定位等技术支持，并且要在实际作业中实时应对堵塞的结论。最后给出了在不确定信息环境下，考虑堵塞的订单拣选路线生成方案，并通过仿真实验验证其有效性。

第6章　在考虑订单具有动态性和客户需要即时响应的基础上，对动态环境下的订单分配进行建模；提出了一种启发式方法，通过分析拣选路线和订单特征，对订单进行即时分配与拣选，并根据新拣选任务重新规划拣货员的拣选路线；在之后的仿真实验中，验证了该方法的有效性；分析了不同订单到达速率等因素对该方法的影响。

第7章　总结全书研究工作，并对订单拣选策略研究所面临的难点问题提出研究展望。

本书内容的逻辑结构如图1-1所示。

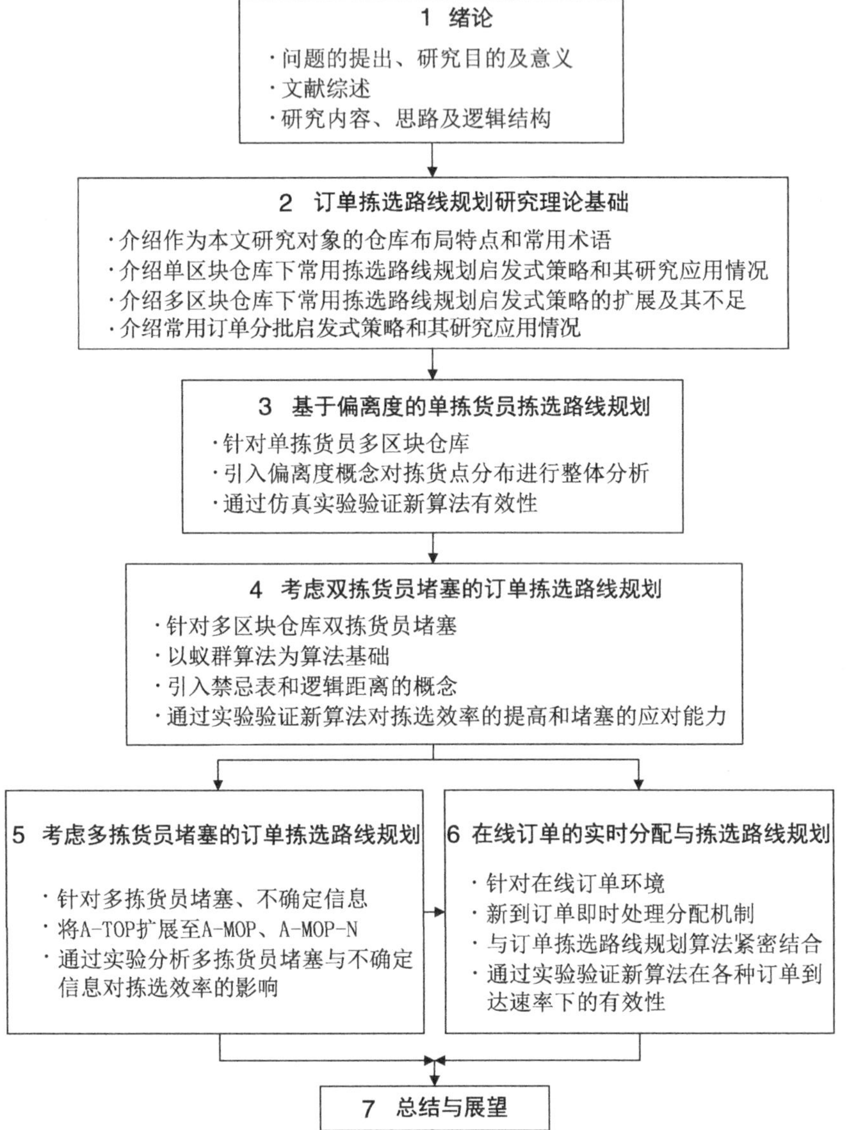

1 绪论
·问题的提出、研究目的及意义
·文献综述
·研究内容、思路及逻辑结构
2 订单拣选路线规划研究理论基础
·介绍作为本文研究对象的仓库布局特点和常用术语
·介绍单区块仓库下常用拣选路线规划启发式策略和其研究应用情况
·介绍多区块仓库下常用拣选路线规划启发式策略的扩展及其不足
·介绍常用订单分批启发式策略和其研究应用情况
3 基于偏离度的单拣货员拣选路线规划
·针对单拣货员多区块仓库
·引入偏离度概念对拣货点分布进行整体分析
·通过仿真实验验证新算法有效性
4 考虑双拣货员堵塞的订单拣选路线规划
·针对多区块仓库双拣货员堵塞
·以蚁群算法为算法基础
·引入禁忌表和逻辑距离的概念
·通过实验验证新算法对拣选效率的提高和堵塞的应对能力
5 考虑多拣货员堵塞的订单拣选路线规划
·针对多拣货员堵塞、不确定信息
·将A-TOP扩展至A-MOP、A-MOP-N
·通过实验分析多拣货员堵塞与不确定信息对拣选效率的影响
6 在线订单的实时分配与拣选路线规划
·针对在线订单环境
·新到订单即时处理分配机制
·与订单拣选路线规划算法紧密结合
·通过实验验证新算法在各种订单到达速率下的有效性
7 总结与展望

图1-1 本书的内容与逻辑结构

注：A-TOP，基于蚁群优化的双拣货员拣选路线规划算法；A-MOP，基于蚁群优化的多拣货员拣选路线规划算法；A-MOP-N，不确定环境下基于蚁群优化的多拣货员拣选路线规划算法。

2　订单分批与拣选路线规划研究理论基础

2.1　引言

根据自动化和信息化程度，仓库可以分为自动化作业仓库和人工作业仓库两类。在有人工参与拣选作业的仓库中，使用的拣选方式有两类，一类是摘果式（picker-to-part），拣货员在仓库中行走，在到达有拣选任务的货位时，从货位上拣选相应指定数量的货物，在完成其指定任务后，将所有拣选好的货物交由下一流程；另一类是播种式（part-to-picker），在这类方式下，货物从存储位置上经传送器械运送到在拣选区域等待的拣货员面前，拣货员根据拣选任务，选取指定数量的货物，并放在每个订单对应的集散区，集散区对应的订单内容完成后，交由下一流程[2]。本书研究的是摘果式拣选系统，采用摘果式拣选的仓库布局如“绪论”所讲，有许多类型，如平行通道式、飞翼型[155-156]、鱼骨型[157]及U型[38]。其中平行通道式是指该仓库中的所有通道沿一个方向平行排列，这种布局最为普遍，本书涉及的仓库就采用这种布局方式。

在不同类型的仓库中，由于采用的布局和拣选流程不同，订单拣选路线规划方法也会千差万别。鉴于此，本章将对本书涉及的平行通道式仓库布局进行相关介绍，并给出该布局下拣选路线规划问题的数学模型，并列举这类布局下常用的几种订单拣选路线规划启发式策略。这些常用策略也将在后文中的实验仿真中作为对比算法使用。同时，本章会对一些常用的订单分批策略进行介绍，但这些策略针对的是非在线订单，在动态环境下往往具有局限性。

2.2 单区块仓库布局及其常用订单拣选路线规划方法

在平行通道式仓库中，拣货员从出发点（Depot）开始，在通道中行走，并从位于通道两边的货位上拣选订单任务指定的拣货点（Pick），在完成拣选后返回Depot。此外，本书的通道采用的是窄通道设计，即通道宽度仅供一个拣货员作业，该设计一方面能够节省成本并提高空间利用率，另一方面，拣货员在遇到通道两边相对货位上都有拣货任务时只需要转身而不是移动，就可以完成两边的拣货点，减少了移动距离[11, 13, 14]。

在平行通道式仓库下的拣选作业过程中，拣货员推着拣选容器或者驾驶拣选器械在通道中行走，并可以位于仓库前后两端的横向通道改变当前作业通道。如果仓库中只有两条横向通道分布于仓库的前后两端，则整个仓库存储区域可以看作一个整体的区块，这就是平行通道式的单区块仓库布局，如图 2-1 所示，很多相关研究就是在这类布局下展开[9, 21, 115, 127, 158, 159]。

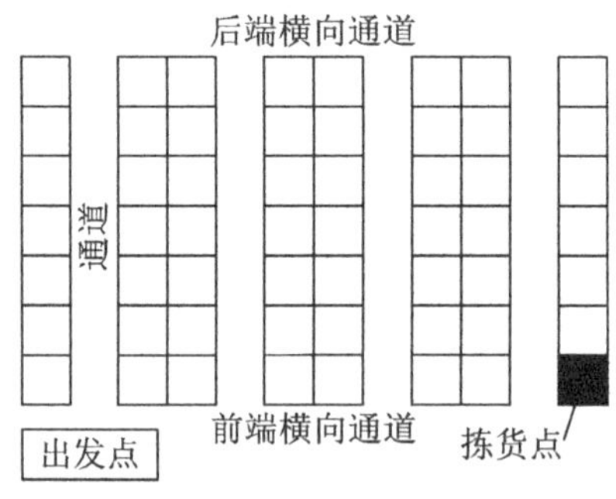

图2-1 单区块仓库布局

在这类布局下，订单拣选路线规划就是要求选择一条最优的拣选路线，这与旅行商问题（travelling salesman problem，TSP）很类似，但又与经典的TSP有一些不同[2]。文献[2]将订单拣选路线规划问题具体定义成Steiner-TSP。Steiner-TSP的目的是找到一条最短的Steiner（斯坦纳，外国人名）路线，其中非Steiner点要至少访问一次。这个问题可以用图论的方式描述，即图$G=(V, E)$由点集与边集E组成。点集V=RUN包含了仓库中所有要拣选的p个拣货点及Depot点的集合，其中Depot是节点0，这些节点是非Steiner节点。点集$R=\{1, \cdots, p\}+\{0\}$代表的是n个Steiner节点，是由通道和横向通道的交汇点构成的集合。边集R×R代表的是在两两拣货点及拣货点与Depot间的所有可行路线。图2-2所示为一个有4个通道和2个横向通道（n=7）的仓库下有4个拣货点与Depot需要访问（p=5），可以抽象为示意图2-2（b）。这时，点集$R=\{0, 1, \cdots, 4\}$包含了所有必须访问一次的点，因为这些黑色点表示的点都是拣货点和Depot。点集$N=\{5, \cdots, 11\}$中的用白色点表示的Steiner节点则不是必须成为拣选路线的一部分，虽然从仓库的布局特点上来看，只有经过这些Steiner节点才能在拣货点间移动。

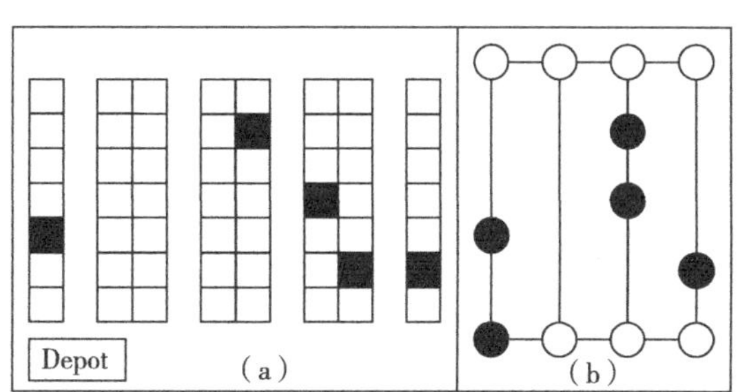

图2-2 订单拣选路线规划问题示例及示意

针对每个拣货员的拣选路线规划，通常的目标是最小化拣货员的行走路线长度。一般可以通过0-1规划模型进行求解：

$$\min \sum_{i \neq j \in \Omega} x_{ij} d_{ij} \tag{2.1}$$

s.t.

$$\sum_{i \in \Omega} x_{ij} = 1, \forall j \in \Omega \tag{2.2}$$

$$\sum_{j \in \Omega} x_{ij} = 1, \forall i \in \Omega \tag{2.3}$$

$$u_i - u_j + w x_{ij} \leqslant \mathrm{w} - 1, \forall i \neq j \in \Omega, i \neq 0, j \neq 0 \tag{2.4}$$

$$x_{ij} \in \{0, 1\}, \forall i, j \in \Omega \tag{2.5}$$

式中

$i,j \in \Omega$——拣货员要经过的拣货点以及Depot，其中$i = 0$表示Depot；

d_{ij}——拣货点i和j之间的距离；

u_i——拣货点i的拣选顺序，其中$u_0 = 1$；

w——拣货点和Depot数量总和。

最后，模型的决策变量是x_{ij}，当$x_{ij} = 1$时，表示提货员决定完成i点的任务后前往j点($i,j \in \Omega, i \neq j$)。

目标函数式（2.1）是要求取得完成一个订单的行走路线的最小值；约束式（2.2）和式（2.3）是确保每个任务点有且只有一个前项和后项任务；约束式（2.4）确保拣选路线中不出现子回路；约束式（2.5）是定义决策变量的取值域。拣选路线规划问题的研究目的就是确定拣货点间的拣选顺序，即x_{ij}的取值。

针对如图2-2（a）所示布局的单区块仓库，最早由Ratliff和Rosenthal于文献[115]中给出了一个与通道数量和拣货点数量呈线性关系的最优算法。之后，文献[158]将该最优算法的适用范围扩展到分散放置（decentralised depositing）情况，即拣选完的货物放在通道入口处，而不是在Depot集中。在实际操作中，不同于自动化仓库中常使用智能优化算法，如蚁群算法[160-162]、遗传算法[163-164]，在这类布局下的人工作业仓库中，拣选路线的获取更多的是采用专用启发式策略。主要是因为，拣选路线规划是Steiner-TSP问题，本质上是一类NP-Hard的组合优化问题，只在单区块和双区块仓库下存在精确的最优算法[124]；更重要的是，最优算法得出的路线看起来没有逻辑性，拣选人员在执行过程中很容易偏离该路线指示[78]。相对的，专用启发式策略则由于规则简单，路线有明显的逻辑走向，更受欢迎，最常用的启发式策略有：S-Shape（Traversal）、Mid-point、Return、Largest Gap、Combine。

S型策略：S-Shape（Traversal）也称为穿越策略，使用该策略的拣货员在通道中有拣货点时，就穿过整个通道，没有拣货点的通道则忽略，在完成最后一个通道中的拣选后，就返回Depot[2, 159]。由于得出的路线呈S形，故得其名，如图2-3所示。该策略由于规则简单，在很多文献中都用来作为基本假设，或者与其他订单拣选路线规划算法或策略作对比。

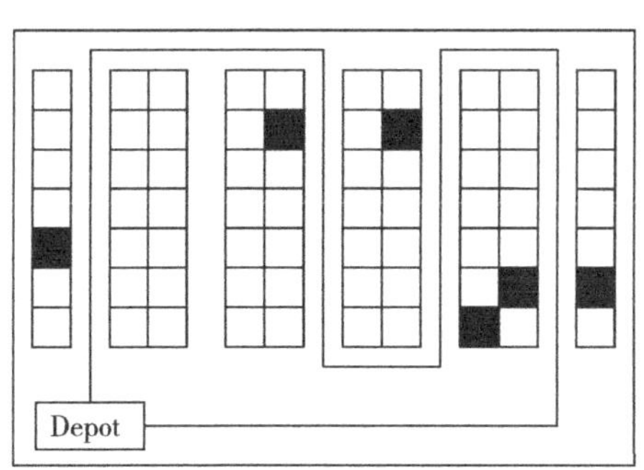

图2-3 S-Shape

中点策略：Mid-point，除了第一个和最后一个有拣货点的通道要完整穿过，其他通道根据中点分成前后两部分[2]。位于通道前半段的拣货点通过前端的入口进入拣选并返回，位于后半段的拣货点通过后端入口拣选并返回[2, 120]，如图2-4所示。文献[120]验证该方法在每个通道中拣货点较少时比S-Shape的表现好。

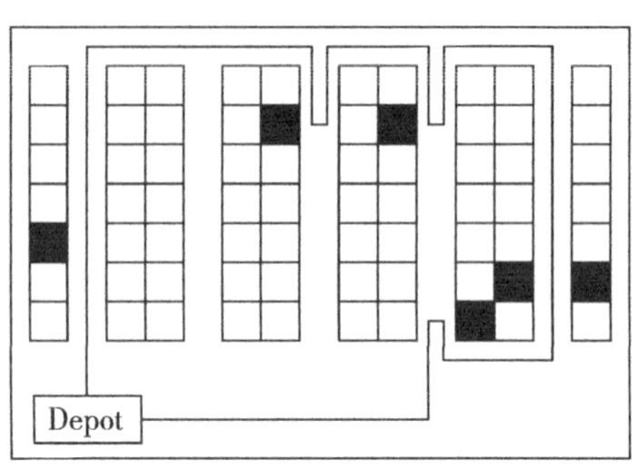

图2-4 Mid-point

返回策略：Return，拣货员从同一个通道入口进入拣选并从这个入口离开，没有拣货点的通道不进入[2]，如图2-5所示。

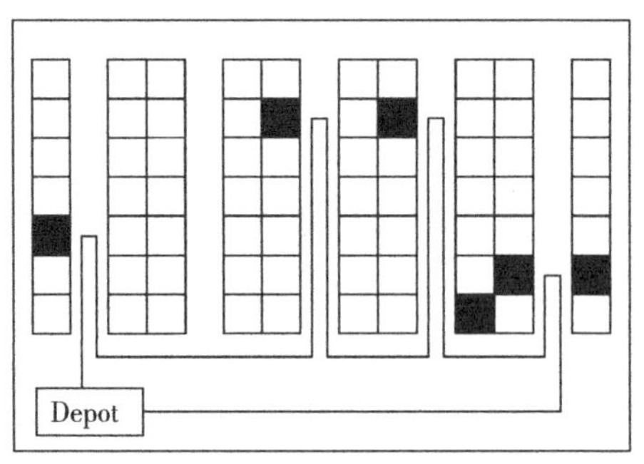

图2-5 Return

最大间隔策略：Largest Gap，该策略是Mid-point和Return的综合改进。通道被最大间隔而不是中点划分成两段，所谓的间隔是指相邻的两个拣货点、前端入口和最靠近该入口的拣货点、后端入口和最靠近后端入口拣货点间的间隔。如果最大间隔是在两个拣货点之间，则该通道的实际拣选效果类似于Mid-point，拣货员从两端入口分别进入拣选并返回[2, 120]。如果最大间隔位于通道口，则该通道实际就是Return策略，拣货员从最大间隔对面的通道进入拣选并返回。同样，除了第一个和最后一个有货通道要完整穿过，其他通道中的最大间隔是不能穿过的，如图2-6所示。由于是Mid-point的改进，所以，该策略也就自然比Mid-point更优化[120]，当然Mid-point由于规则简单，更容易实行。

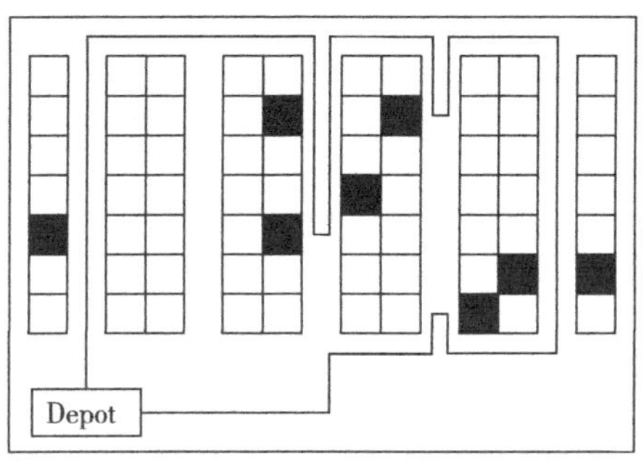

图2-6 Largest Gap

混合策略：Combine，该策略采用动态规划的方法[2, 116]，其具体流程可以表示如下。

Step 1：从最左边的通道开始。

Step 2：如果当前通道是最后一条有拣货点的通道，拣货员在进入通道拣选完通道中最后一个拣货点后，必须从前端横向通道离开通道，前往Step 4；如果当前通道不是最后一条有拣货点的通道，设$L_{traverse}$和L_{return}分别代表穿过通道和进入通道拣选完最后一个拣货点后从原入口返回，这两种拣选方式对应的在该通道中的行走长度。如果$L_{traverse} < L_{return}$，则拣货员穿过该通道；如果$L_{traverse} > L_{return}$，拣货员在完成拣选后原路返回，前往Step 3。

Step 3：向右移动至下一条有拣货点的通道。

Step 4：拣货员返回Depot，如图2-7所示。

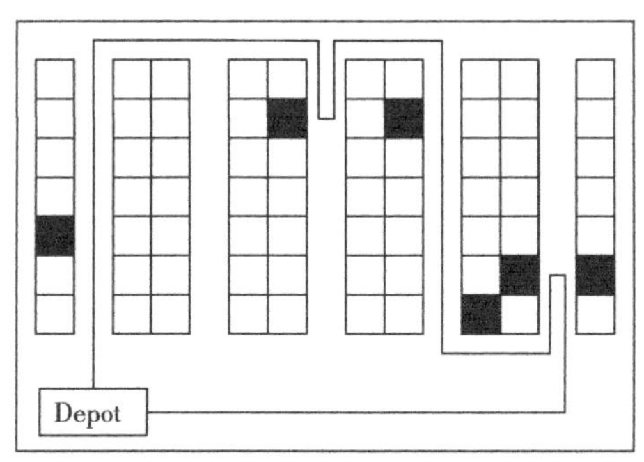

图2-7 Combine

以上这些常用启发式策略在很多相关文献中都有涉及，见表2-1。

表2-1 启发式策略在相关文献中使用情况

文献	启发式策略				
	S-Shape	Mid-point	Return	Largest Gap	Combine
Petersen and Schmenner （1999）[9]	√	√	√	√	
Hwang et al.（2004）[10]	√	√	√		
Bozer and Kile （2008）[14]	√				
Henn et al.（2010）[15]	√			√	
Schleyer and Gue（2012）[19]	√				
Roodbergen and Vis （2006）[31]	√			√	
Vis and Roodbergen （2011）[32]	√			√	√
Chiang et al.（2011）[56]	√				
Ho and Tseng （2006）[79]				√	
Ho et al.（2008）[80]				√	
Henn and W¨aescher （2012）[91]	√			√	
Chen et al.（2005）[92]	√				
Hwang and Kim （2005）[93]	√		√		
Chen and Wu （2005）[94]	√				
Dekker et al.（2004）[111]	√	√		√	√
Petersen and Aase （2004）[114]	√				√
Roodbergen and De Koster （2001）[116]	√			√	√
Theys et al.（2010）[124]	√			√	√
Bindi et al.（2009）[125]	√		√		√
Chan and Chan （2011）[126]	√		√		√
Petersen （1999）[127]	√			√	√
Caron et al.（1998）[128]	√		√	√	
Roodbergen et al.（2008）[129]	√				

续表

文献	启发式策略				
	S-Shape	Mid-point	Return	Largest Gap	Combine
De Koster et al.（1999）[131]	√			√	
Bottani et al.（2012）[132]	√		√		√
Hsieh and Huang （2011）[102]	√				
De Koster and Van der Poort（1998）[158]	√				
Petersen （1997）[159]	√	√	√	√	√
Parikh and Meller （2010b）[165]	√				

2.3 多区块仓库布局及其常用订单拣选路线规划方法

为了使拣货员更灵活地改变作业通道，除了位于仓库前端和后端有横向通道外，仓库的中部也可以有数条横向通道，这些横向通道将仓库分成了数个区块（block），形成了多区块（multiple blocks）仓库[166]。同时，通道也被分成数段子通道（subaisle）。本书中涉及的仓库布局主要是多区块的情形，其典型布局如图2-8所示，该类布局可以在很多拣选策略相关文献中见到[2, 116, 117, 128]。

这些区块从仓库前端向后端依次命名为B_1，B_2，…，横向通道也从前端向后命名CA_1，CA_2，…。通道和子通道则是从左至右依次命名为PA_1，PA_2，…和S_1，S_2，…。此外，对于每个区块，位于其前端的横向通道即成为前端横向通道（front cross aisle，CA_f），同样的有后端横向通道（back cross aisle，CA_b）。可以看出，除了B_1，每个区块的CA_f都是前一个区块的CA_b。

从问题结构上来看，多区块仓库下的拣选路线仍然可以用2.2节的模型进行评价，所以这里不再复述。文献[117]将之前由Ratliff和Rosenthal提出的最优算法扩展到双区块仓库。然而，对于存在更多横向通道的多区块仓库，到目前为止，还没有相应的精确最优算法[124]，所以针对多区块仓库下的订单拣选路线规划，相关研究集中在寻找能够为拣货员提供最合适拣选路线的启发式策略上。前面提到的常用启发式策略都是在单区块仓库基础上给出的，针对实际中仓库存在多区块的情况，文献[117]提出，这些现有启发式策略经过一些改动是可以应用在多区块仓库中的。之后，一些研究给出了这些经过改进后的策略[116-117]。

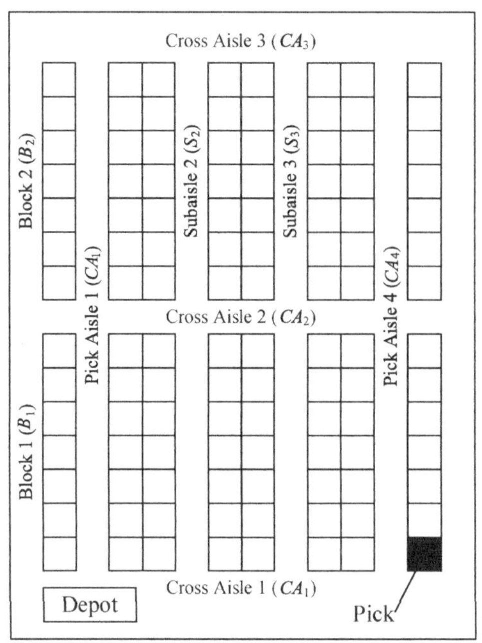

图2-8 多区块仓库布局

注：cross aisle，意为横向通道；block，意为区块；pick aisle，意为通道。

其中，文献[116]给出了关于S-Shape、Largest Gap和Combine在多区块仓库下的详细流程：

（1）针对多区块仓库布局的S-Shape改进[116]，如图2-9所示。

Step 1：从所有区块中找出包含了至少一个拣货点的通道中最靠左的一条并定义为最左通道，以及包含了至少一个拣货点的最远离Depot的区块，定义为最远区块。

Step 2：拣货员从Depot出发，到达最左通道入口。

Step 3：沿着最左通道行走，直到最远区块的CA_f。

Step 4：沿着最远区块向右行走，直到最远区块中最靠左的一条有拣货点的子通道入口。如果这条子通道是该区块中唯一一个有拣货点的通道，则进入拣选并返回到最远区块的CA_f；如果有多条有拣货点的子通道，则穿过整个通道到达最远区块的CA_b。

Step 5：这时，拣货员是在一个区块的CA_b，将这个区块设为当前工作区块，接下来有以下两种可能性。

Step 5.1：当前工作区块中还有拣货点尚未拣选。寻找当前工作区块中距离拣货员当前位置最远的有拣货点的子通道，定义为最远子通道，相反的一条定义为最近子通道，行至最近子通道，前往Step 6。

Step 5.2：当前工作区块中没有拣货点需要拣选。沿着CA_c向前走，到达当前工作区块的CA_f，前往Step 8。

Step 6：如果当前工作区块中还有拣货点，沿着CA_c到达下一个有拣货点的子通道并完全穿过。重复这个步骤，直到当前工作区块只剩一个有拣货点的子通道。

Step 7：前往当前工作区块的最后一个有拣货点的子通道，拣选完这个子通道的拣货点后到达当前工作区块的CA_f。当然，最后一个通道的拣选方式可能是完整穿过，也可能是从前端进入又从前端返回。

Step 8：如果CA_c不是CA_1，返回Step 5。

Step 9：最终，返回Depot。

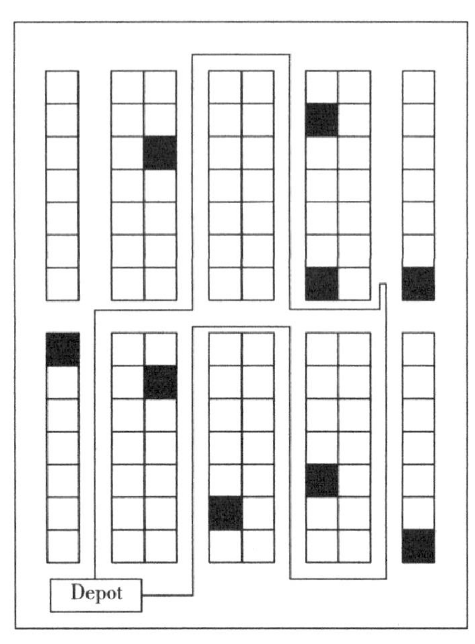

图2-9 多区块S-Shape

（2）针对多区块仓库布局的多区块Largest Gap改进[116]，如图2-10所示。

Step 1：从所有区块中找出包含了至少一个拣货点的通道中最靠左的一条并定义为最左通道，以及包含了至少一个拣货点的最远离Depot的区块，定义为最远区块。

Step 2：拣货员从Depot出发，到达最左通道入口。

Step 3：沿着最左通道行走，直到最远区块的CA_c。

Step 4：沿着最远区块的CA_f向右行走，直到最远区块中最靠左的一条有拣货点的子通道入口。如果这条子通道是该区块中唯一一个有拣货点的通道，则进入拣选并返回到最远区块的CA_f；如果有多条有拣货点的子通道，则穿过整个通道到达最远区块的CA_f。

Step 5：这时，拣货员是在一个区块的CA_b，将这个区块设为当前工作区块，接下来有以下两种可能性。

Step 5.1：当前工作区块中还有拣货点尚未拣选。寻找当前工作区块中距离拣货员当前位置最远的有拣货点的子通道，定义为最远子通道，相反的一条定义为最近子通道，行至最近子通道，前往Step 6。

Step 5.2：当前工作区块中没有拣货点需要拣选。沿着PA_c向前走，到达当前工作区块的CA_f，前往Step 9。

Step 6：沿着当前工作区块的CA_b到达最近子通道，按照从最近子通道向最远子通道的次序，依次进入所有需要从后端进入拣选的子通道，并在到达最大间隔前返回当前工作区块的CA_b。当然这一过程可能是从左向右，也可能反之。

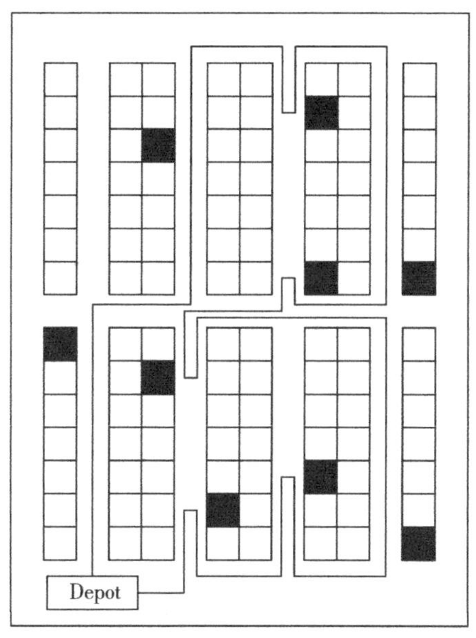

图2-10 多区块Largest Gap

Step 7：穿过最远子通道，到达当前工作区块的CA_f。

Step 8：从最远子通道开始，向最近子通道反向移动，将所有剩下的位于最大间隔前端的拣货点全部拣选完。

Step 9：如果CA_c不是CA_1，返回Step 5。

Step 10：最终，返回Depot。

（3）针对多区块仓库布局的Combine改进[116]，如图2-11所示。

Step 1：从所有区块中找出包含了至少一个拣货点的通道中最靠左的一条并定义为最左通道，以及包含了至少一个拣货点的最远离Depot的区块，定义为最远区块。

Step 2：拣货员从Depot出发，到达最左通道入口。

Step 3：沿着最左通道行走，直到最远区块的CA_f。

Step 4：沿着最远区块的CAf向右行走，直到最远区块中最靠左的一条有拣货点的子通道入口。

Step 5：这时，拣货员是在一个区块的CA_f，将这个区块设为当前工作区块，接下来有以下两种可能性。

Step 5.1：当前工作区块中还有拣货点尚未拣选。寻找当前工作区块中距离拣货员当前位置最远的有拣货点的子通道，定义为最远子通道，相反的一条定义为最近子通道，行至最近子通道，前往Step 6。

Step 5.2：当前工作区块中没有拣货点需要拣选，前往Step 9。

Step 6：根据单区块下Combine的动态规划原则，即在完全穿过该子通道还是拣选完该子通道后原路返回两种策略中，选择行走距离短的执行，在拣选完后，沿着当前工作区块的CA_b或CA_f，向最远子通道所在的方向移动，到达下一个有拣货点的子通道，重复这一过程，直到最远子通道。

Step 7：完成最远子通道拣选，但必须到达当前工作区块的CA_f。

Step 8：如果CA_c不是CA_1，返回Step 5。

Step 9：最终，返回Depot。

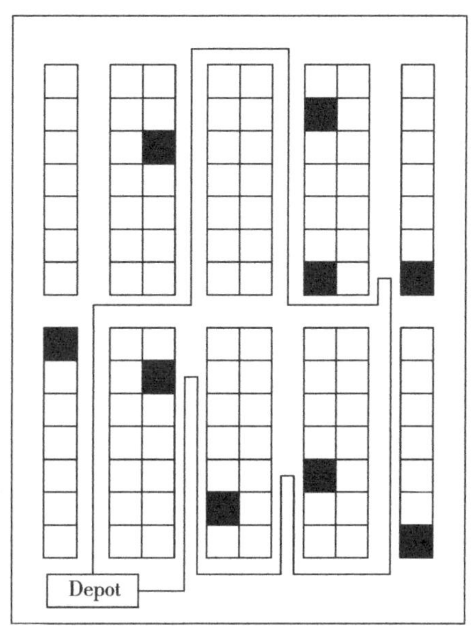

图2-11 多区块Combine

值得注意的是，这些启发式策略无论是针对单区块还是多区块，拣选路线的生成都是针对当前通道中拣货点分布情况给出的决策，缺乏对所有拣货点总体上的分析。同时，这些已有订单拣选路线规划算法与策略都没有在构建路线时包含处理拣货员堵塞的机制，当然也没有专门针对不确定性、动态性订单的处理能力。

2.4 常用订单分批策略

针对离线模式的订单，在忽略掉订单到达时间的差异后，订单的分批策略思路就集中在分析订单要求拣货员访问的待拣选货位的空间分布。最主流的一种方式就是种子算法，种子算法的主要步骤是：① 从待分批的订单池中，按照某种原则选取一个订单作为种子；② 根据某种原则判断在订单池中剩余订单与种子的契合程度，按照契合程度高低排序，在不超过拣货员拣选设备容量上限的前提下，将订单加入批次中组合成集合单。本节将按照种子选取和订单附加两个步骤，分别介绍一些文献[79-80]中提及的常用策略。

2.4.1 种子选取规则

1）最小拣货点数量（Smallest Number of Picking Locations）规则。

在订单池中寻找需要访问的待选货位最少的订单作为种子（见图2-12）。

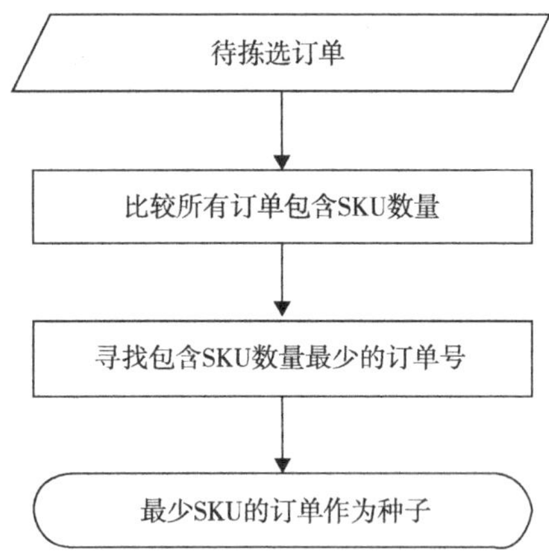

图2-12 最小拣货点数量规则流程

2）最大拣货点数量（Greatest Number of Picking Locations）规则。

在订单池中寻找需要访问的待选货位最多的订单作为种子（见图2-13）。

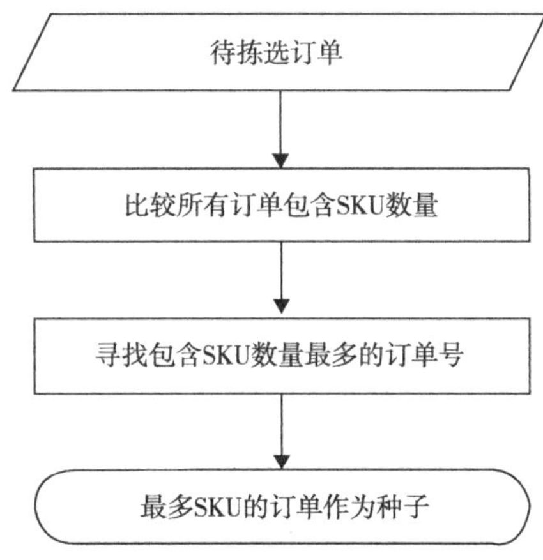

图2-13 最大拣货点数量规则流程

3）最小通道数量（Smallest Number of Picking Aisles）规则。

在订单池中寻找需要访问的通道数量最少的订单作为种子（见图2-14）。

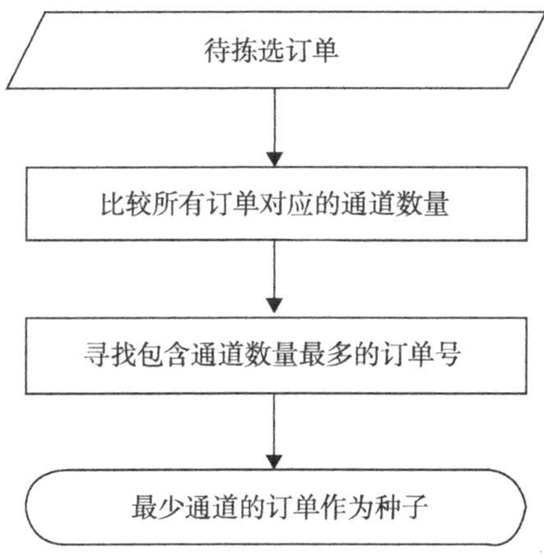

图2-14 最小通道数量规则流程

4）最大通道数量（Greatest Number of Picking Aisles）规则。

在订单池中寻找需要访问的通道数量最多的订单作为种子（见图2-15）。

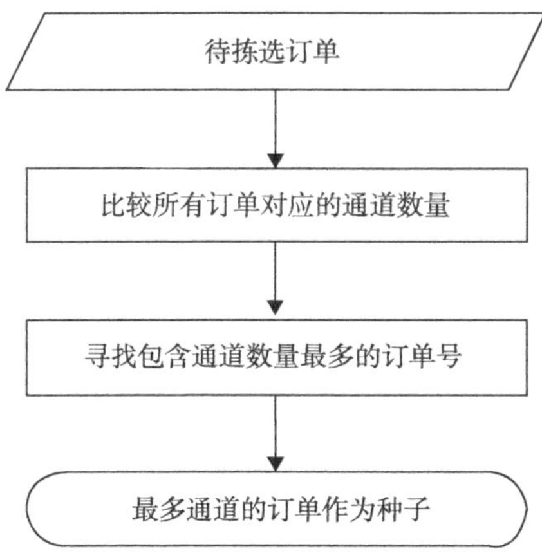

图2-15 最大通道数量规则流程

5）最小通道指数加权和（Smallest Aisle-Exponential-Weight Sum）规则。

在订单池中寻找需要访问的通道索引指数加权和最小的订单作为种子

（见图2-16）。

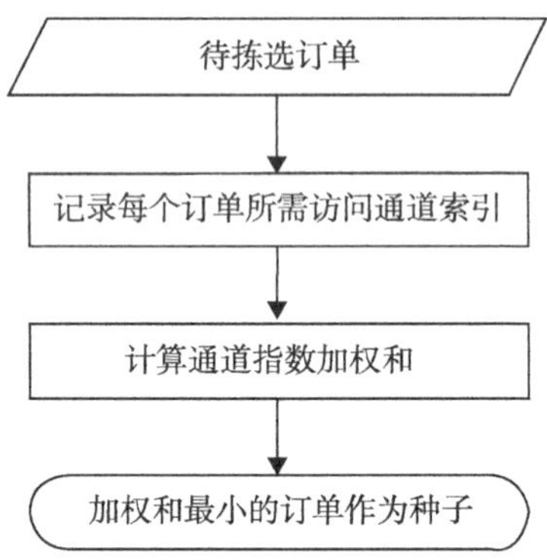
待拣选订单
记录每个订单所需访问通道索引
计算通道指数加权和
加权和最小的订单作为种子

$$AEWS(R)=\sum_{i\in AS(R)} AEW_i$$

式中，i——通道索引；

$AS(R)$——订单所需访问的通道索引集合；

AEW_i——通道i的权重，记为2^i。

图2-16　最小通道指数加权和规则流程

6）最大通道指数加权和（Greatest Aisle-Exponential-Weight Sum）规则。

在订单池中寻找需要访问的通道索引指数加权和最大的订单作为种子（见图2-17）。

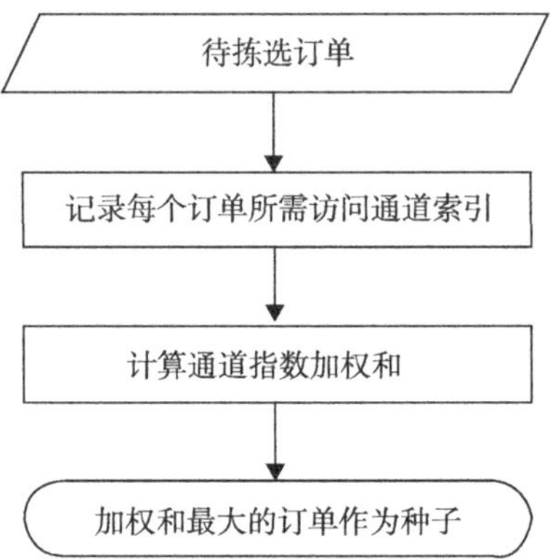
待拣选订单
记录每个订单所需访问通道索引
计算通道指数加权和
加权和最大的订单作为种子

$$AEWS(R)=\sum_{i\in AS(R)} AEW_i$$

式中，i——通道索引；

$AS(R)$——订单所需访问的通道索引集合；

AEW_i——通道 i 的权重，记为 2^i。

图2-17 最大通道指数加权和规则流程

7）最小通道加权和（Smallest Aisle-Simple-Weight Sum）规则。

在订单池中寻找需要访问的通道索引加权和最小的订单作为种子（见图2-18）。

$$ASWS(R)=\sum_{i\in AS(R)} ASW_i$$

式中，i——通道索引；

$AS(R)$——订单所需访问的通道索引集合；

ASW_i——通道 i 的权重，记为 i。

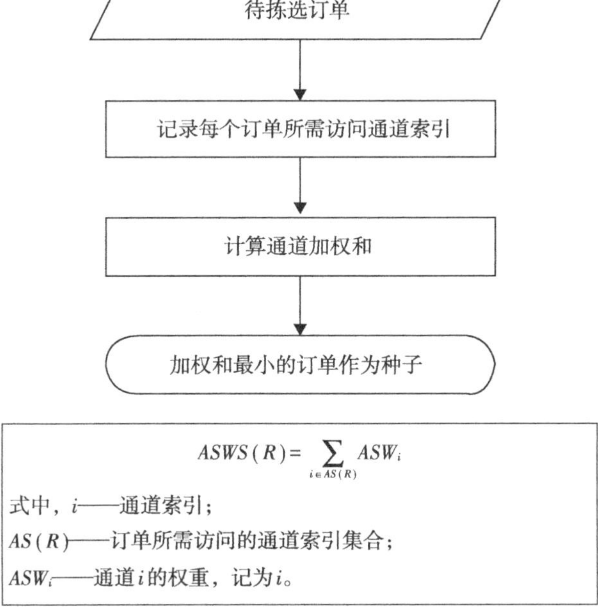

图2-18 最小通道加权和规则流程

8）最大通道加权和（Greatest Aisle-Simple-Weight Sum）规则。

在订单池中寻找需要访问的通道索引加权和最大的订单作为种子（见图2-19）。

9）最小拣货点—通道比（Smallest Location-Aisle Ratio）规则。

在订单池中寻找需要访问的货位数量与通道数量比值最小的订单作为

种子（见图2-20）。

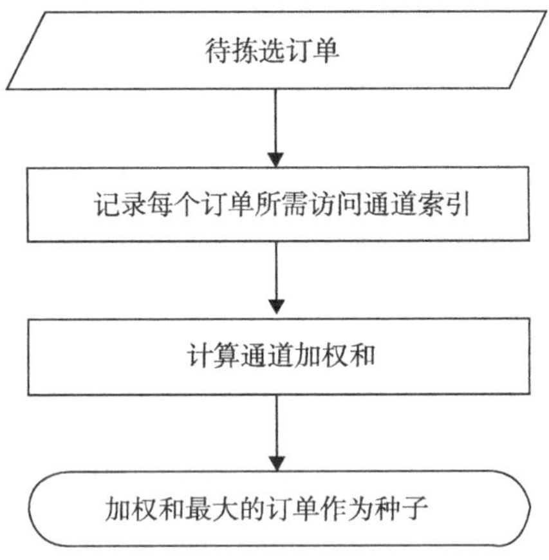
待拣选订单
记录每个订单所需访问通道索引
计算通道加权和
加权和最大的订单作为种子

$$ASWS(R)=\sum_{i\in AS(R)} ASW_i$$

式中，i——通道索引；

$AS(R)$——订单所需访问的通道索引集合；

ASW_i——通道i的权重，记为i。

图2-19　最大通道加权和规则流程

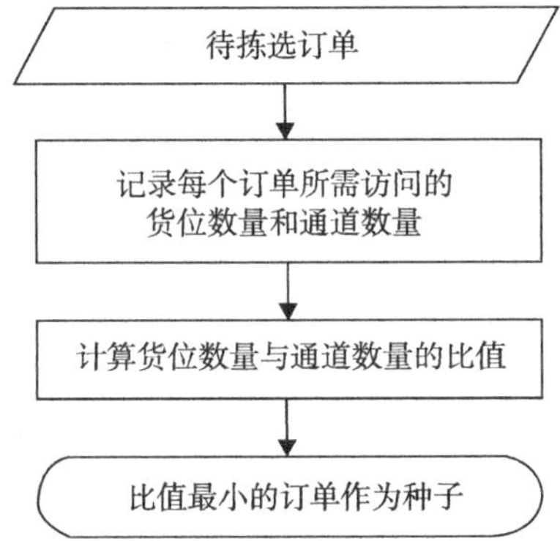
待拣选订单
记录每个订单所需访问的
货位数量和通道数量
计算货位数量与通道数量的比值
比值最小的订单作为种子

$$LARS(R)=\frac{\mathrm{Nof}\ PL(R)}{\mathrm{Nof}\ PA(R)}$$

式中，Nof $PL(R)$——订单R需要拣选的货位数量；

Nof $PA(R)$——订单R需要访问的通道数量。

图2-20　最小拣货点—通道比规则流程

10）最大拣货点—通道比（Greatest Location-Aisle Ratio）规则。

在订单池中寻找需要访问的货位数量与通道数量比值最大的订单作为种子（见图2-21）。

11）最小矩阵覆盖区域（Smallest Rectangular-Covering Area）规则。

在订单池中寻找需要访问的货位构成空间面积最小的订单作为种子（见图2-22）。

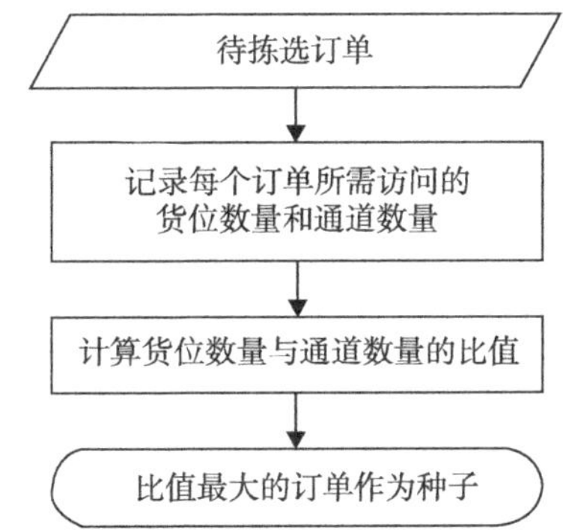
待拣选订单
记录每个订单所需访问的货位数量和通道数量
计算货位数量与通道数量的比值
比值最大的订单作为种子

$$LARS(R)=\frac{\text{Nof }PL(R)}{\text{Nof }PA(R)}$$

式中，Nof $PL(R)$——订单R需要拣选的货位数量；

Nof $PA(R)$——订单R需要访问的通道数量。

图2-21 最大拣货点—通道比规则流程

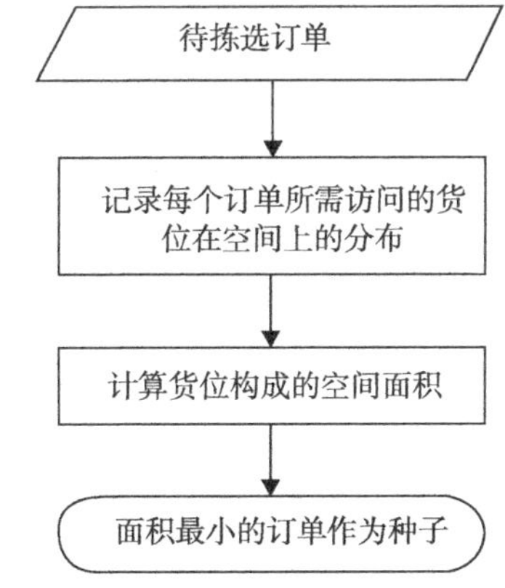
待拣选订单
记录每个订单所需访问的货位在空间上的分布
计算货位构成的空间面积
面积最小的订单作为种子

图2-22 最小矩阵覆盖区域规则流程

12）最大矩阵覆盖区域（Greatest Rectangular-Covering Area）规则。

在订单池中寻找需要访问的货位构成空间面积最大的订单作为种子（见图2-23）。

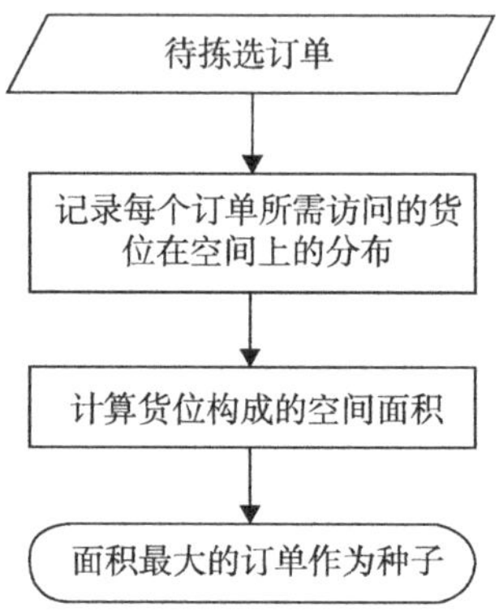
待拣选订单
记录每个订单所需访问的货位在空间上的分布
计算货位构成的空间面积
面积最大的订单作为种子

图2-23 最大矩阵覆盖区域规则流程

13）最短平均出入点矩形距离（Shortest Average Rectangular Distance to the I/O Point）规则。

在订单池中寻找需要访问的货位与出入口的平均曼哈顿距离最小的订单作为种子（见图2-24）。

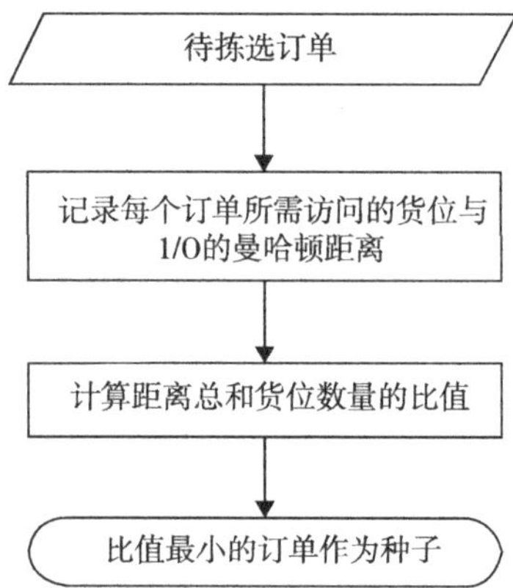
待拣选订单
记录每个订单所需访问的货位与I/O的曼哈顿距离
计算距离总和货位数量的比值
比值最小的订单作为种子

$$ARD(R)=\frac{\sum_{T\in IS(R)} RD(T)}{\text{Nof } Items(R)}$$

式中，$IS(R)$——订单R需要拣选的物品集合；

$RD(T)$——物品T与I/O的曼哈顿距离；

Nof $Items(R)$——订单R需要访问的物品数量。

图2-24 最短平均出入点矩形距离规则流程

14）最短平均出入点欧式距离（Shortest Average Euclidean Distance to the I/O Point）规则。

在订单池中寻找需要访问的货位与出入口的平均欧氏距离最小的订单作为种子（见图2-25）。

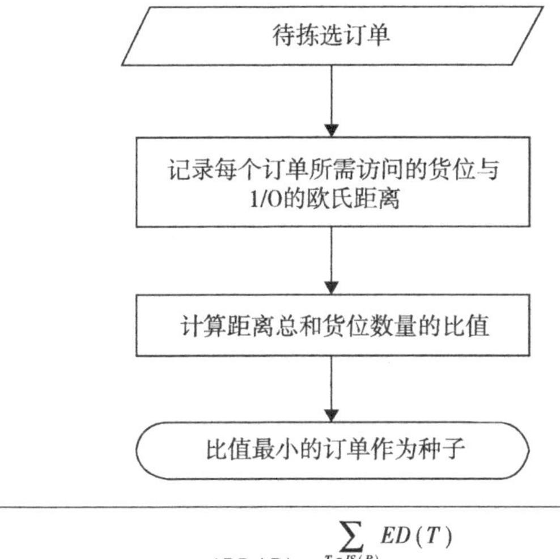
待拣选订单
记录每个订单所需访问的货位与I/O的欧氏距离
计算距离总和货位数量的比值
比值最小的订单作为种子

$$ARD(R)=\frac{\sum_{T\in IS(R)} ED(T)}{\text{Nof } Items(R)}$$

式中，$IS(R)$——订单R需要拣选的物品集合；

$ED(T)$——物品T与I/O的曼哈顿距离；

Nof $Items(R)$——订单R需要访问的物品数量。

图2-25 最短平均出入点欧式距离规则流程

15）最短平均通道距离（Shortest Average Aisle Distance to the I/O Point）规则。

在订单池中寻找需要访问的货位与出入口的平均通道距离最小的订单作为种子（见图2-26）。

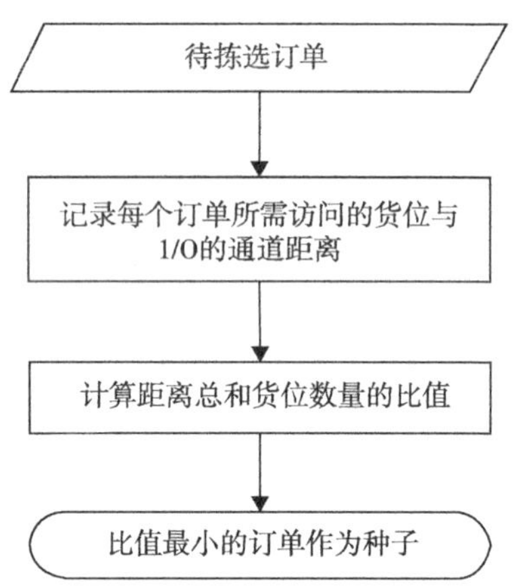
待拣选订单
记录每个订单所需访问的货位与
I/O的通道距离
计算距离总和货位数量的比值
比值最小的订单作为种子

$$AAD(R)=\frac{\sum_{T\in IS(R)}AD(T)}{\text{Nof }Items(R)}$$

式中，$IS(R)$——订单R需要拣选的物品集合；

$ED(T)$——物品T与I/O的欧氏距离；

Nof $Items(R)$——订单R需要访问的物品数量。

图2-26　最短平均通道距离规则流程

2.4.2　订单附加规则

1）最小附加拣货点数量（Smallest Number of Additional Picking Locations）规则。

在订单池中寻找增加需要访问的货位最少的订单，依次附加（见图2-27）。

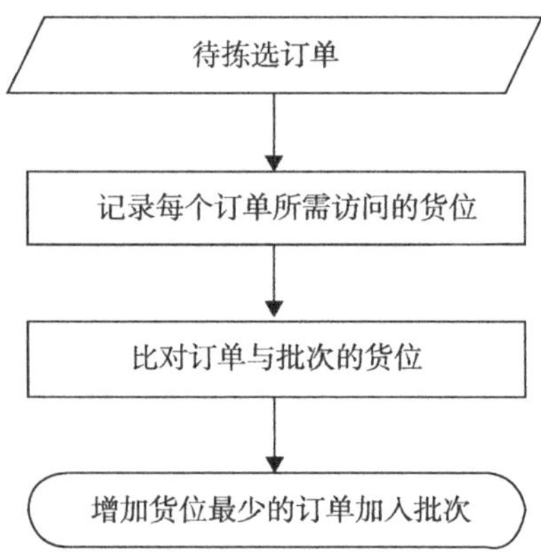
待拣选订单
记录每个订单所需访问的货位
比对订单与批次的货位
增加货位最少的订单加入批次

图2-27　最小附加拣货点数量规则流程

2）最小附加通道数量（Smallest Number of Additional Picking Aisles）规则。

在订单池中寻找增加需要访问的通道最少的订单，依次附加（见图2-28）。

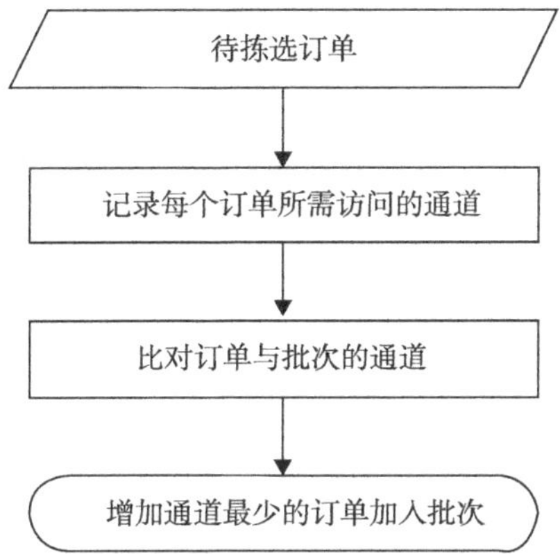
待拣选订单
记录每个订单所需访问的通道
比对订单与批次的通道
增加通道最少的订单加入批次

图2-28 最小附加通道数量规则流程

3）最大相同拣货点数量（Greatest Number of Identical Picking Locations）规则。

在订单池中寻找需要访问的相同货位最多的订单，依次附加（见图2-29）。

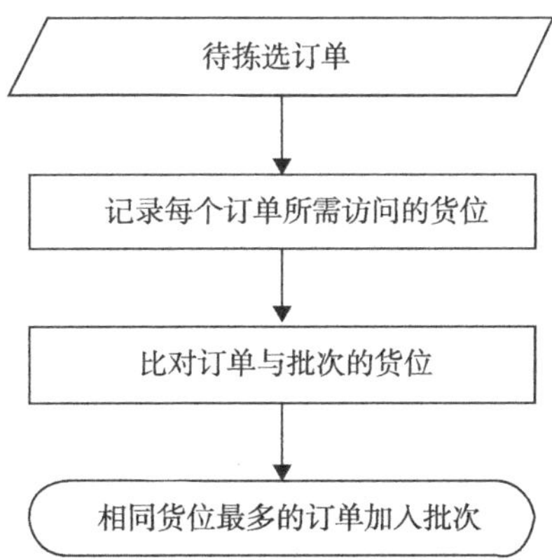
待拣选订单
记录每个订单所需访问的货位
比对订单与批次的货位
相同货位最多的订单加入批次

图2-29 最大相同拣货点数量规则流程

4）最大相同通道数量（Greatest Number of Identical Picking Aisles）规则。

在订单池中寻找需要访问的相同通道最多的订单，依次附加（见图2-30）。

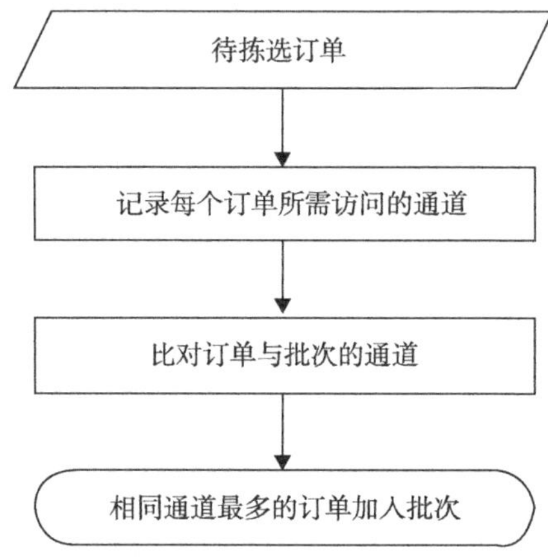
待拣选订单
记录每个订单所需访问的通道
比对订单与批次的通道
相同通道最多的订单加入批次

图2-30 最大相同通道数量规则流程

5）最大拣货点相同比（Greatest Picking-Location Similarity Ratio）规则。

在订单池中寻找需要访问的相同货位和总货位数量比值最大的订单，依次附加（见图2-31）。

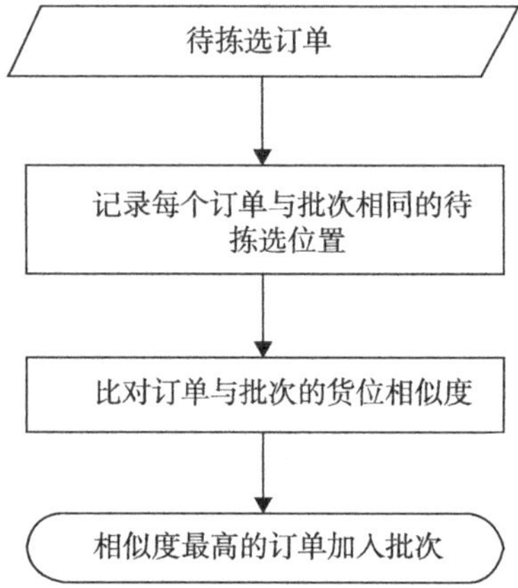
待拣选订单
记录每个订单与批次相同的待拣选位置
比对订单与批次的货位相似度
相似度最高的订单加入批次

$$PLSR(R,B)=\frac{\mathrm{NIPL}(R,B)}{\mathrm{T\ Nof}\ PL(R,B)}$$

式中，$NIPL(R,B)$——订单R与已经组合批次中需要拣选的物品相同的货位数量；

$\mathrm{T\ Nof}\ PL(R,B)$——订单R与批次组合后需要访问的货位总数量。

图2-31　最大拣货点相同比规则流程

6）最大通道相似比（Greatest Picking-Aisle Similarity Ratio）规则。

在订单池中寻找需要访问的相同通道和总通道数量比值最大的订单，依次附加（见图2-32）。

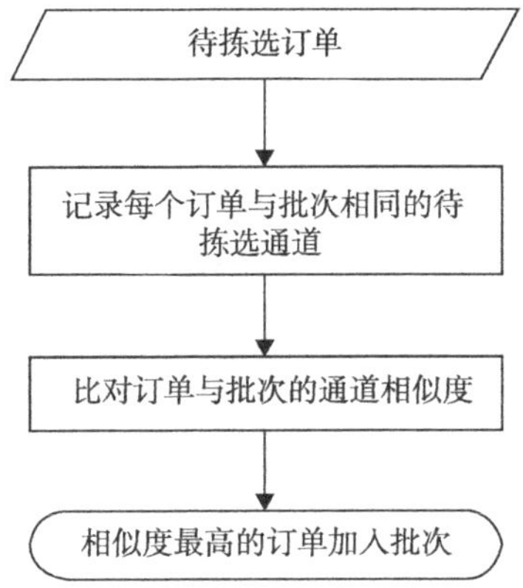
待拣选订单
记录每个订单与批次相同的待拣选通道
比对订单与批次的通道相似度
相似度最高的订单加入批次

$$PLSR(R,B)=\frac{\mathrm{NIPA}(R,B)}{\mathrm{T\ Nof}\ PL(R,B)}$$

式中，$NIPA(R,B)$——订单R与已经组合批次中需要拣选的物品相同的货位数量；

$\mathrm{T\ Nof}\ PL(R,B)$——订单R与批次组合后需要访问的货位总数量。

图2-32　最大通道相似比规则流程

7）最小重叠区域（Smallest Overlapping Covering Area）规则。

在订单池中寻找需要访问的货位构成的面积和种子构成面积重叠部分最小的订单，依次附加（见图2-33）。

8）最大重叠区域（Greatest Overlapping Covering Area）规则。

在订单池中寻找需要访问的货位构成的面积和批次构成面积重叠部分最大的订单，依次附加（见图2-34）。

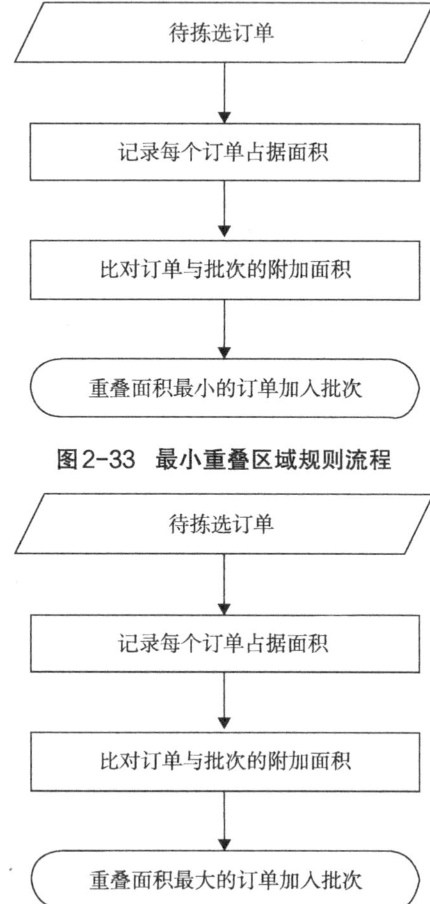
待拣选订单
记录每个订单占据面积
比对订单与批次的附加面积
重叠面积最小的订单加入批次

图2-33　最小重叠区域规则流程

待拣选订单
记录每个订单占据面积
比对订单与批次的附加面积
重叠面积最大的订单加入批次

图2-34　最大重叠区域规则流程

9）最小附加区域（Smallest Additional Covering Area）规则。

在订单池中寻找需要访问的货位构成的面积和批次构成面积之间附加部分最小的订单，依次附加（见图2-35）。

10）最大附加区域（Greatest Additional Covering Area）规则。

在订单池中寻找需要访问的货位构成的面积和批次构成面积之间附加部分最大的订单，依次附加（见图2-36）。

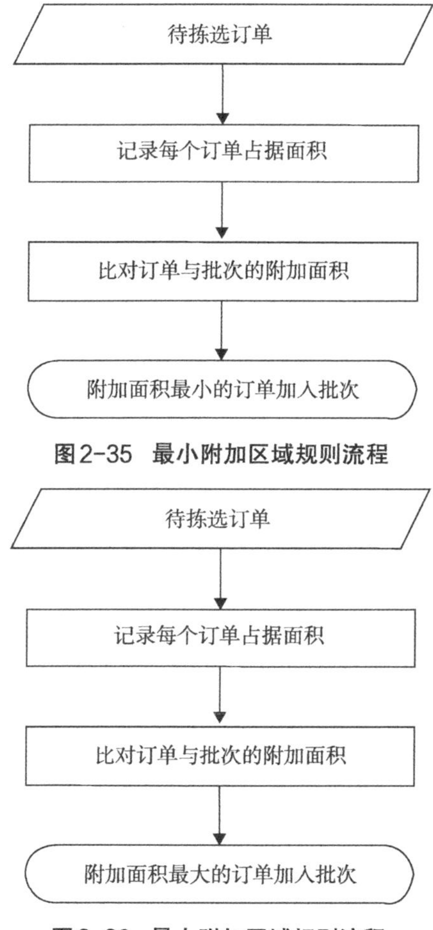
待拣选订单
记录每个订单占据面积
比对订单与批次的附加面积
附加面积最小的订单加入批次
待拣选订单
记录每个订单占据面积
比对订单与批次的附加面积
附加面积最大的订单加入批次

图2-35 最小附加区域规则流程

图2-36 最大附加区域规则流程

这些种子规则和附加规则中各选其一，即可构成一个完整的订单分批策略，运用于离线的订单拣选环境。

2.5 本章小结

订单分批和拣选路线规划由于直接影响到拣选效率，且也受到其他环节策略的影响，使得订单分批和拣选路线规划受到了相关研究人员的关注，并且除自身环节的研究，在其他拣选策略的研究中也会有所涉及。然而，已有算法与策略的缺陷是显而易见的，假设订单是静态到达，只针对当前拣选通道指定路线，则缺乏全局优化特性，无法应对堵塞等。在拣选作业中出现的新问题，给订单分批和拣选路线规划的研究提出了新要求。

本章介绍了全文涉及的仓库布局和相关术语，同时介绍了常用的订单分批和拣选路线规划启发式策略及其扩展，同时阐述了这些算法在前文提到的拣货员堵塞、订单不确定性和动态性下的不足。所以本章是后续各章的技术基础。

3　基于偏离度的单拣货员订单拣选路线规划

3.1　引言

仓库构成了供应链的重要一环，产品能够暂时在其中存放，而客户需求则可以通过从货位上拣选货物得以满足。这些仓库管理所涉及的处理环节都是十分耗费时间和资源的。为了提高服务效率，其中一种方式是使用自动化、信息化技术改造仓库；当然管理人员通常会采用另一种较为温和、成本较低的选择，即改进运作策略。

订单拣选是根据客户订单，从指定的货位上选取产品的过程。订单拣选作业算是仓库中最占用时间和仓储运营成本的管理活动[1]。订单拣选的效率很大程度上影响了客户满意度，其改善的主要方式就是缩短订单拣选服务时间。订单拣选服务时间可以分为以下几部分：拣货员移动到拣选位置用时（行走时间）、从货架上拣选货品用时（拣选时间）及其他活动，如获得拣选任务、清空拣选容器用时等。在人工拣选仓库中，行走时间构成订单拣选服务时间的主要部分[1]。有很多种方法通过各种途径减少行走时间，其中一种就是决定一条较好的拣选路线[158]。

本章叙述的是布局设计与订单拣选路线规划的共同作用，在布局设计时，为了减少在一个通道内的行走距离，有的仓库会在中部设置横向通道，将仓库货位分成数个区块[167]。多区块下，这种布局的设计思想变化除了在人工仓库中有体现[129]，自动化仓库中也有所涉及[168]。因此，针对这种布局，订单拣选路线规划算法需要进行改进，文献[116-117]将常用的几种启发式策略改造成针对多区块的策略。值得注意的是，这些常用策略都是针对当前要拣选的通道进行决策，只是局部优化，缺乏对所有拣货点空间分布的分析。

本章研究重点是针对在多区块仓库中工作的单个拣货员，提出了一个基于偏离度策略的订单拣选路线规划算法。该方法不同于以往的启发式策略，每个通道都是根据当前工作区块中剩下的待拣货点的空间分布，通过动态规划生成拣选路线。在此基础之上，本章通过一个仿真实验验证新算法的有效性，并分析了通道数量、通道长度、横向通道数量等因素对新算法和其他拣选路线启发式策略的影响。

3.2 基于偏离度的订单拣选路线规划算法

正如同“2 订单分批与拣选路线规划研究理论基础”所讲述的那样，这种多区块仓库下的拣选路线规划问题被定义为Steiner-TSP问题，且对于多区块布局，没有相应的精确最优算法，如同其他的相关研究，本章将也尝试从启发式策略的角度解决该问题。由于本章目的是为单个拣货员求取拣选路线，其目标是获得最短路线，具体的路线评价模型可以参照2.2节的叙述，这里不再复述。

已有的启发式策略正如在“2 订单分批与拣选路线规划研究理论基础”所描述的那样，在确定拣货点的拣选顺序即2.2节的0-1规划模型中的决策变量的取值时，只是根据当前待拣选子通道内拣货点的分布情况作出决策，是一种局部的优化，缺乏对全局的考量。此外，常用启发式策略规则相对简单，对所有通道只采用一种或两种访问方式，因此这些策略的表现与具体的拣货点分布情况有密切关系，例如S-Shape在拣货点集中在通道中心时比Largest Gap更优，如果拣货点分布在通道两端时，则是Mid-point和Largest Gap表现更好。所以，在构建路线时，启发式策略最好能够根据拣货点在当前待拣选通道乃至整个仓库中的空间分布作出决策，并能从多种访问方式中选择最适合当前子通道的一种。基于这一需求，本章提出了能够描述拣货点在通道中的空间分布情况的偏离度概念。

为了明确描述拣货员的位置和路线信息，除去“2订单分批与拣选路线规划研究理论基础”提及的符号，本章还使用如下符号：

CA_c——拣货员当前所处的横向通道；

PA_c——拣货员当前所处的拣货通道。

之后，还有如下假设：

（1）订单中的拣货点相互独立；

（2）拣货员在每个拣货点取货花费的时间是确定的；

（3）拣货员行进速度恒定；

（4）拣货通道和横向通道均无行走方向限制；

（5）拣货员执行的拣选任务在出发前既已确定，且拣选过程中不发生变动。

3.2.1 偏离度定义

为了描述算法，本章使用如下变量：

β——偏离度；

L——子通道中点到横向通道中线距离；

$i,j,k \in S$——当前工作区块未拣选子通道i,j,k及其集合；

$p \in P$——拣货点p及其集合；

A_i——子通道 i 的访问策略。

偏离度的定义在文献[169–170]中有过详细介绍，偏离度是描述一个子通道内，某个拣货点与子通道中心点之间的距离关系。如图 3–1 所示，将一个子通道从中点分成两部分，从中点到 CA_f 和 CA_b 中心线的距离都设为 L，子通道中所有拣货点也被分成位于前端和后端的两部分，即 P_f 和 P_b。这时，所有的拣货点从其货位几何中心到通道中点的距离沿通道行走方向的投影，定义为拣货点到中点的距离 D，其中位于通道前半部分的拣货点 p 到中点的距离记为 D_{fp}，位于通道后半部分的拣货点 p 到中点的距离记为 D_{bp}。

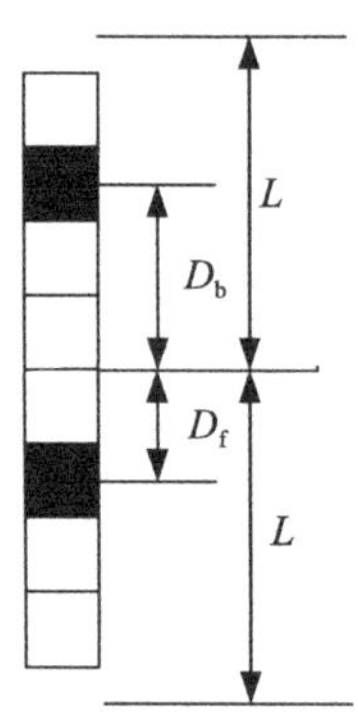

图 3–1　偏离度定义

对于单个拣货点，其偏离度为 $\beta=D/L$，对于一个通道则有如下定义：位于前半部分的拣货点的偏离度决定子通道前半部分的最小偏离度 β_{lf} 和最大偏离度 β_{uf}；后半部分拣货点的偏离度决定后半部分的最小偏离度 β_{lb} 和最大偏离度 β_{ub}。这样，可以得出如下公式：

$$\beta_{lf} = \min_{p \in P_f} \{D_{fp}/L\} \tag{3.1}$$

$$\beta_{uf} = \max_{p \in P_f} \{D_{fp}/L\} \tag{3.2}$$

以及

$$\beta_{lb} = \min_{p \in P_b} \{D_{bp}/L\} \tag{3.3}$$

$$\beta_{ub} = \max_{p \in P_b} \{D_{bp}/L\} \tag{3.4}$$

此外，当所属部分没有拣货点时，子通道的前、后部分的最大、最小偏离度均为1，由此可知$\forall\beta$，$0<\beta\leqslant 1$。

3.2.2 基于偏离度的通道访问策略

在使用偏离度决定拣选路线时，每个通道的访问策略可选方式有如图3-2所示4种：第一种是完全穿过整个要拣选的子通道（Traverse）；第二种是从前端入口进入，拣选完所有拣货点后原路返回（Front-return）；第三种是从后端入口进入，拣选完所有拣货点后原路返回（Back-return）；第四种是子通道从中点分成两半，拣货员分别从两个入口进入拣选靠近各自入口一端的货物（Mid-return）。

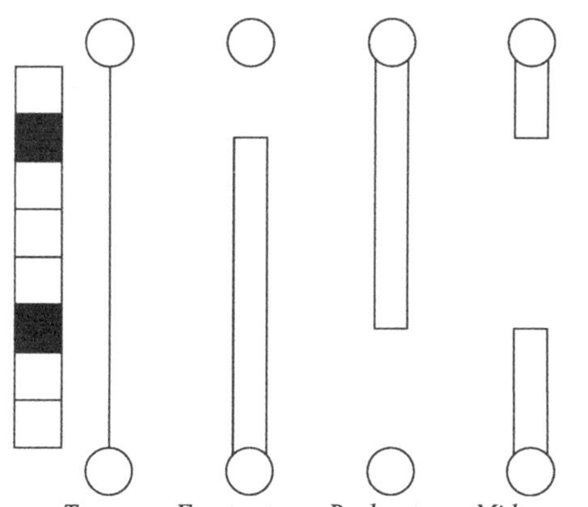

图3-2 基于偏离度的通道访问策略

注：Traverse，意为穿越；Front-return，意为前端返回；Back-return，意为后端返回；Mid-return，意为中点返回。

拣货员在到达一个尚未决定访问策略的子通道入口时，就根据该通道的偏离度乃至当前工作区块所有尚未拣选的子通道的偏离度以决定当前子通道使用哪种访问策略。具体方式参看如下规则：

（1）当前子通道i是当前工作区块内最后一个待确定访问策略的子通道，则

$$A_i=\begin{cases}\text{Traverse},\ [\text{拣货员位于当前工作区域的}CA_b\text{，如图}3-3a]\\ \text{Front}-\text{return},\ [\text{拣货员位于当前工作区域的}CA_f\text{，如图}3-3b]\end{cases}\tag{3.5}$$

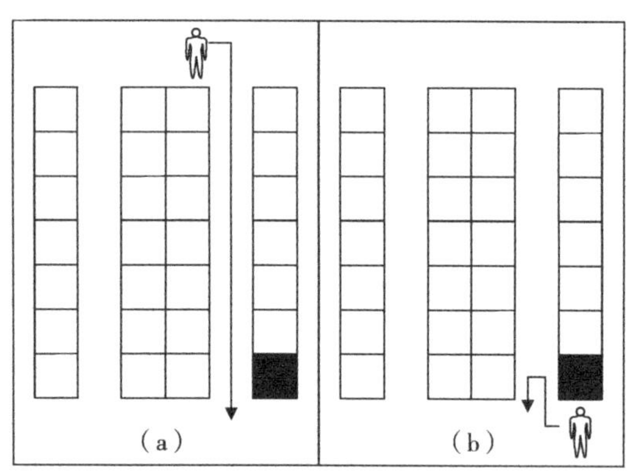

图3-3　拣货员位于最后一条待确定访问策略子通道情况示意图

（2）当前子通道i不是当前工作区块内最后一个待确定访问策略的子通道，且拣货员位于当前工作区块的CA_f，有如下子情况。

①如果当前子通道后半部分有拣货点，且之后所有子通道的拣货点都在前半部分，即

$$0<\beta_{ubi}<1,\forall j\in\{S|j\neq i\}:\beta_{lbj}=1\tag{3.6}$$

找到

$$j=\arg\min\{\beta_{lfj}\},j\in\{S|j\neq i\}\tag{3.7}$$

然后有

$$A_i=\begin{cases}\text{Traverse}, & \text{如果}\beta_{ubi}>\beta_{lfi}\text{，如图}3-4(a)\\ \text{Front}-\text{return}, & \text{如果}\beta_{ubi}\leqslant\beta_{lfj}\text{，如图}3-4(b)\end{cases}\tag{3.8}$$

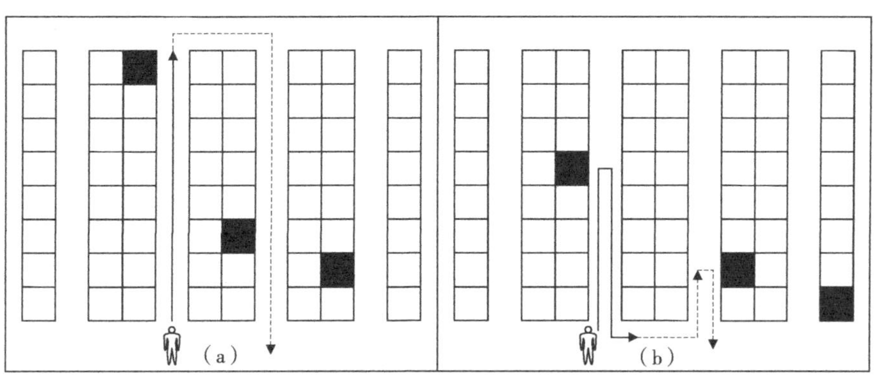

图3-4 拣货员位于前端横向通道情况示意图一

②其他情况下，则有

$$A_i = \begin{cases} \text{Travers}, & 0 < \beta_{ubi} < 1 \text{且} j \in \{ S | j \neq i, 0 < \beta_{ubj} < 1 \} \\ \text{Front} - \text{return}, & \beta_{ubi} = 1 \end{cases} \tag{3.9}$$

即当前子通道有后端拣货点且之后也存在有后端拣货点的子通道时，就穿过通道，如图3-5（a）所示。当前没有后端拣货点时，则原路返回，如图3-5（b）所示。

（3）当前子通道i不是当前工作区块内最后一个待确定访问策略的子通道，且拣货员位于当前工作区块的CA_b，这种情况相对复杂，有如下数种子情况。

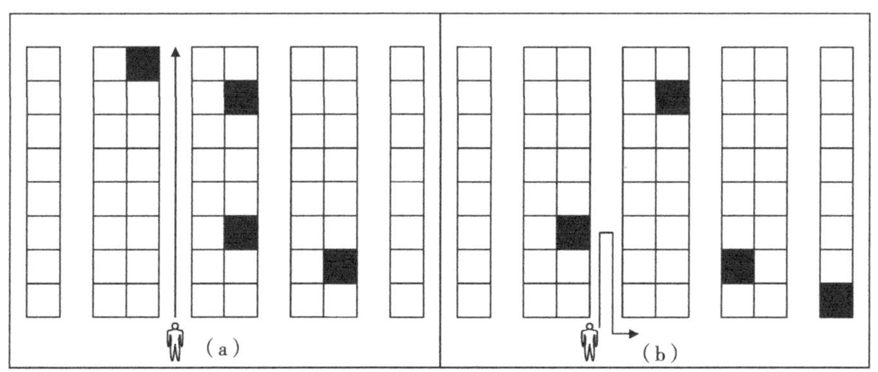

图3-5 拣货员位于前端横向通道情况示意图二

①如果当前子通道中拣货点在后半部分，同时，之后所有子通道拣货点都在前半部分，即

$$\beta_{lfi} = 1, \forall j \in \{ S|j \neq i \} : \beta_{lbj} = 1 \tag{3.10}$$

则找到

$$j = \arg\min \{ \beta_{lfj} \}, j \in \{ S|j \neq i \} \tag{3.11}$$

然后有

$$A_i = \begin{cases} \text{Traverse}, & \beta_{lb\,i} < \beta_{lfj}, \text{如图3-6}a \\ \text{Back-return}, \text{如果}\beta_{lb\,i} \geq \beta_{lfj}, \text{如图3-6}b \end{cases} \tag{3.12}$$

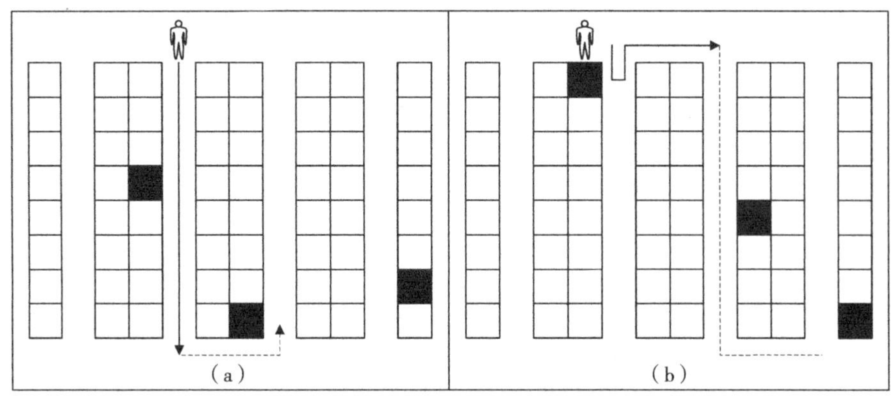

图3-6　拣货员位于后端横向通道情况示意图一

②如果当前子通道中拣货点在后半部分，同时，之后存在子通道后半部分有拣货点，则

$$A_i = \text{Back-return}, \beta_{lfi} = 1, \exists j \in \{ S|j \neq i \} : \beta_{ubj} < 1 \tag{3.13}$$

③如果当前子通道中拣货点全在前半部分，同时，之后所有子通道拣货点全在后半部分，即

$$\beta_{lb\,i} = 1, \forall j \in \{ S|j \neq i \} : \beta_{lfj} = 1 \tag{3.14}$$

则找到

$$j = \arg\min \{ \beta_{lbj} \}, j \in \{ S|j \neq i \} \tag{3.15}$$

然后有

$$A_i = \begin{cases} \text{Traverse}, & \text{如果}\beta_{ufi} > \beta_{lbj}, \text{如图}3-7a \\ \text{Back}-\text{return}, & \text{如果}\beta_{ufi} \leqslant \beta_{lbj}, \text{如图}3-7b \end{cases} \tag{3.16}$$

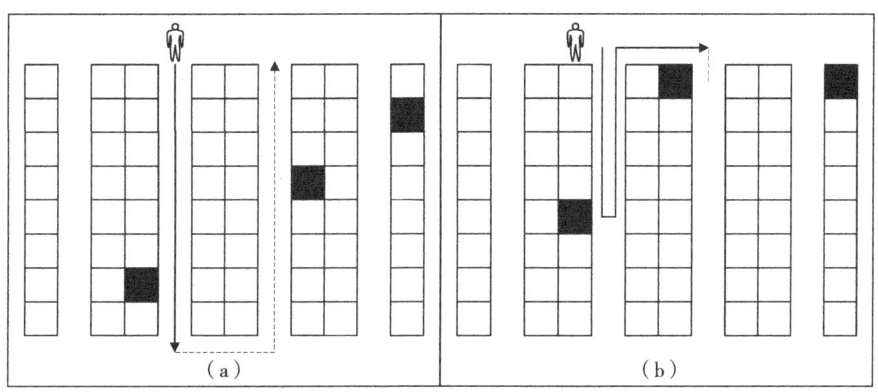

图3-7 拣货员位于后端横向通道情况示意图二

④如果当前子通道中拣货点全在前半部分，同时，之后所有子通道拣货点也全在前半部分，即

$$\beta_{lbi} = 1, \forall j \in \{S|j \neq i\}: \beta_{lbj} = 1 \tag{3.17}$$

则找到

$$j = \text{argmin}\{\beta_{lfj}\}, \text{j} \in \{S|j \neq i\} \tag{3.18}$$

然后有

$$A_i = \begin{cases} \text{Traverse}, & \text{如果}\beta_{lfi} \leqslant \beta_{lfj}, \text{如图}3-8a \\ \text{Front}-\text{return}, & \text{如果}\beta_{lfi} > \beta_{lfj}, \text{如图}3-8b \end{cases} \tag{3.19}$$

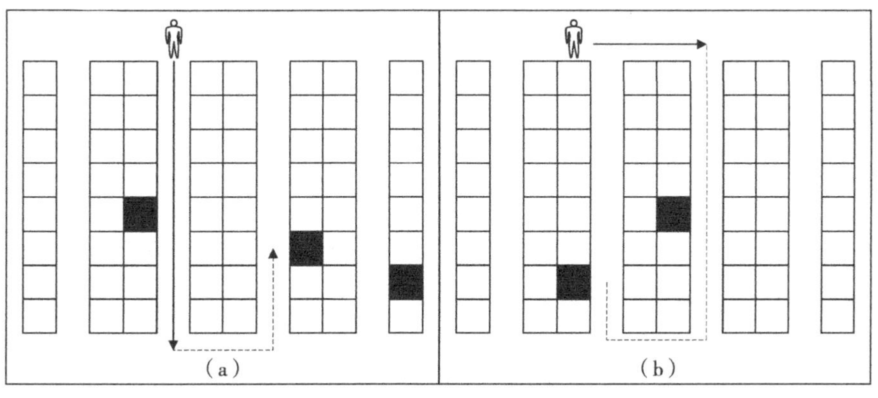

图3-8 拣货员位于后端横向通道情况示意图三

⑤对于当前子通道中拣货点全在前半部分的其他情况，即

$$\beta_{lbi} = 1, \exists j \in \{S|j \neq i\}; \beta_{lbj} < 1, \exists k \in \{S|k \neq i\}; \beta_{lfk} < 1 \tag{3.20}$$

则是

$$A_i = \text{Traverse} \tag{3.21}$$

⑥对于当前子通道前后部分都有拣货点的情况，即

$$0 < \beta_{lbi} < 1, 0 < \beta_{lfi} < 1 \tag{3.22}$$

则有

$$A_i = \begin{cases} \text{Traverse}, & \text{如果}\beta_{lfi} + \beta_{lbi} \leqslant 1, \text{如图3-9a} \\ \text{Mid-return}, & \text{如果}\beta_{lfi} + \beta_{lbi} > 1, \text{如图3-9b} \end{cases} \tag{3.23}$$

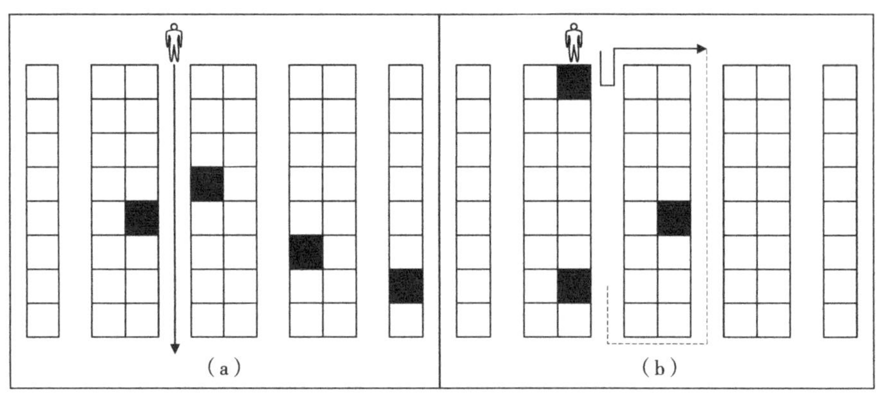

图3-9　拣货员位于后端横向通道情况示意图四

通过以上方式可以确定一个区块内的所有待拣选子通道的访问策略。在确定了这一访问策略后，就可以按照每个通道的策略A决定与之相关的拣货点间的具体访问顺序，即对应于2.2节中模型的决策变量X_{ij}的取值。在应用于多区块时，只需要加入如何在区块间移动的规则，就可以为多区块仓库制定具体的拣货点间的访问顺序、有货通道的访问策略，得出基于偏离度的订单拣选路线。

3.2.3 多区块仓库下的算法流程构建

为适应多区块仓库，在加入区块间移动规则后，偏离度算法构建路线的流程如下，路线示意图如图3-10所示。

Step 1：从所有区块中找出包含了至少一个拣货点的通道中最靠左的一条并定义为最左通道，以及包含至少一个拣货点的最远离Depot的区块，定义为最远区块。

Step 2：拣货员从Depot出发，到达最左通道入口。

Step 3：沿着最左通道行走，直到最远区块的CA_f。将这个区块设为当前工作区块。

Step 4：接下来有以下两种可能性。

Step 4.1：当前工作区块中还有剩余拣货点尚未拣选。寻找距离拣货员当前位置最远的当前工作区块中有拣货点的子通道，定义为最远子通道，相反的一条定义为最近子通道，行走至两者中较近的一条，前往Step 5。

Step 4.2：当前工作区块中没有拣货点需要拣选，沿着PA_c向仓库前端移动，到达下一个含有待拣选拣货点的区块的CA_b，前往Step 5。

Step 5：根据单区块下基于偏离度的动态规划原则，选择当前子通道的访问策略并执行该策略，沿着当前工作区块的CA_b或CA_f，向着最远子通道的方向移动至下一条有待拣选货位的子通道，重复这一过程，直到到达最远子通道。

Step 6：完成最远子通道拣选，但必须到达当前工作区块的CA_f。

Step 7：完成在之前确定下Mid-return策略，但还没有执行前半部分拣选任务的子通道，如果CA_c不是CA_1，返回Step 4。

Step 8：最终，返回Depot。

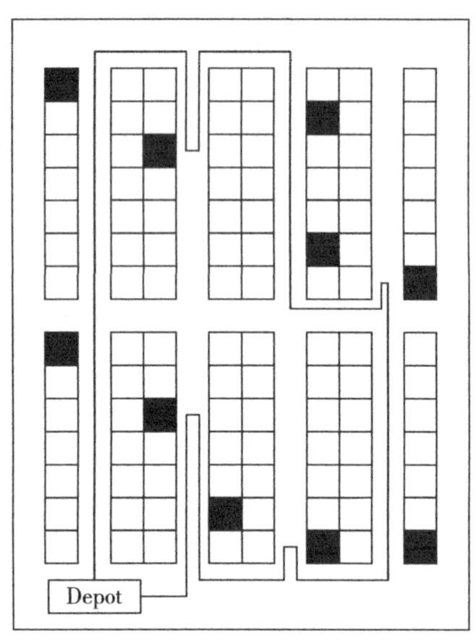

图3-10　多区块偏离度算法形成路线示意图

3.3 偏离度算法的仿真实验

3.3.1 实验设计

为了验证算法的有效性和优化程度，实验选择了三个对比算法，即针对多区块的S-Shape、Largest Gap和Combine。本章针对仓库规格给出如下具体假设：每个货位的规格是长度为一个基本单位的正方形，通道和横向通道的宽度都为一个单位长度。由此可知，两个相邻货位间几何中心距离为一个单位长度，从一个通道到相邻通道的中心线间距是三个单位长度。拣货员是沿着通道中心线行走，确保行走距离与货位的空间距离一致。这些规格假设同样适用于之后的章节。本章选择拣货员行走距离作为衡量标准。

实验分成两个步骤进行：第一步是在一个指定布局下，逐渐增加拣货点数量，如表3-1所示，以考察各个算法在拣选密度不断提高时的表现，同时找出最能体现各个算法间差别的拣货点取值区间。第二步则是在多区块仓库布局下，检验各算法的表现。

表3-1 第一步实验参数

实验参数	取值
通道数量	12
通道长度	22
横向通道数量	2
pick数量	5,10,15,…,95

对于多区块仓库，本章给出如表3-2所示的仓库布局参数，这些参数的选择与文献[116]相同。要说明的是通道长度是指整个通道的长度，而不是子通道长度，横向通道如此取值则是为了将通道等分。在本书中，订单是随机生成，订单指定的拣货点都服从独立平均分布，随机地从库区中选取，不考虑由于需求带来的每个货位的不同拣选频率，这与文献[128]假设相同。

表3-2 第二步实验参数

实验参数	取值
通道数量	7,11,15
通道长度	10,20,30
横向通道数量	2,3,6,11
pick数量	10,20,30

3.3.2 实验结果

实验程序是在.net平台上实现的，每个实验数据组合均进行100次实验，取得平均行走距离。表3-3显示的是第一步实验的数据，其中加粗数据是在该情况下的最小值。从对应的走势图3-11可见，在拣货点数不超过50时，各个算法间的差异较大，这主要就是由于算法各自的特性决定的。在拣货点数多于50后，除了Largest Gap，其他三种算法的行走距离趋于一致，乃至维持在345左右，这是因为在拣货点数量到达一定拣选密度后，拣货员无论采取哪种算法，都不得不经过并完全穿过所有通道，这一行走距离就会达到一个极限。对于Largest Gap，在每个通道都会定义一个最大间隔，在拣选密度很高的时候，这个间隔可能只是两个相邻货位间的距离，这时，拣货员需要行走近两倍的通道长度才能完成一个通道的拣选。

表3-3 第一步实验拣货员行走距离

拣选数量	S-Shape	Largest Gap	Combine	偏移度
5	157	136	142	133
10	222	185	201	180
15	269	228	244	222
20	297	261	274	252
25	315	290	296	275
30	329	312	312	292
35	335	334	323	307
40	338	348	329	316
45	341	364	335	322
50	343	376	341	330
55	343	389	343	334
60	344	400	345	337
65	344	410	346	340

续表

拣选数量	S-Shape	Largest Gap	Combine	偏移度
70	344	418	347	342
75	344	426	347	342
80	344	433	347	343
85	344	439	346	344
90	344	445	346	344
95	344	450	346	344

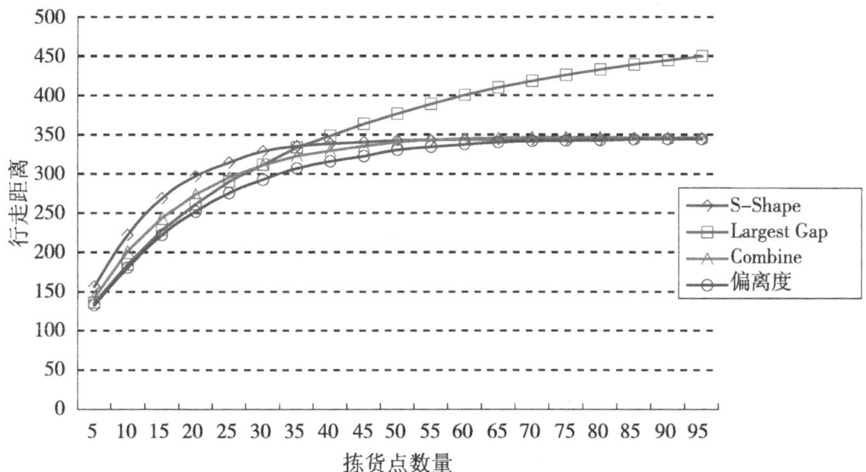

图3-11　第一步实验行走距离数据走势

所以在拣选密度很高的情况下，所有的算法都不再具有优化空间。由此，也确定了第二步实验中拣货点数量的选择范围。经过实验，实验结果如表3-4所示，加粗数据是该情况下的最小值，下画线标出的数字则是在95%的置信区间没通过检验。

表 3-4　第二步实验拣货员行走距离

Pick 数量			10				20				30			
通道数量	通道长度	横向通道数量	S-Shape	Largest Gap	Combine	偏离度	S-Shape	Largest Gap	Combine	偏离度	S-Shape	Largest Gap	Combine	偏离度
7	10	2	98	91	92	89	115	117	111	108	120	130	116	115
		3	84	92	81	81	107	127	103	102	118	146	115	113
		6	92	101	91	94	130	154	128	131	158	193	156	157
		11	99	108	99	99	149	172	151	149	187	235	195	188
	20	2	156	135	141	130	185	179	174	168	194	203	187	183
		3	124	123	116	114	163	170	153	152	183	198	173	171
		6	115	121	113	116	165	179	160	160	202	224	194	193
		11	121	128	121	124	173	193	172	178	214	251	211	221
	30	2	210	179	189	173	257	245	240	231	269	278	261	252
		3	162	153	147	145	220	215	204	199	246	252	232	227
		6	135	137	132	134	200	208	191	192	246	257	233	230
		11	140	146	139	141	198	215	195	198	245	274	241	246
11	10	2	133	120	123	117	166	160	157	152	179	185	173	169
		3	112	129	108	107	145	176	138	138	168	206	160	158
		6	124	140	123	130	185	226	182	187	229	284	225	226
		11	137	154	138	138	219	261	223	220	274	350	284	275
	20	2	201	169	182	166	261	235	241	226	288	278	274	260
		3	155	160	144	143	213	225	197	195	251	268	233	231
		6	154	164	151	154	225	254	217	221	277	317	265	265

续表

Pick数量			10				20				30			
通道数量	通道长度	横向通道数量	S–Shape	Largest Gap	Combine	偏离度	S–Shape	Largest Gap	Combine	偏离度	S–Shape	Largest Gap	Combine	偏离度
11		11	161	173	160	166	243	278	241	253	303	361	300	313
	30	2	272	221	241	216	358	311	328	300	389	373	368	349
		3	198	192	181	179	286	277	258	253	336	332	308	301
		6	179	186	174	177	269	285	257	256	326	351	308	303
		11	181	194	180	184	271	303	268	274	337	394	332	340
15	10	2	164	147	152	143	212	194	197	188	235	228	223	216
		3	137	160	132	131	178	221	170	168	205	255	195	193
		6	165	188	164	171	236	294	234	242	293	371	289	293
		11	178	201	178	178	282	344	287	283	352	452	363	353
	20	2	237	197	215	195	323	275	292	267	368	333	342	318
		3	181	193	168	167	253	270	232	230	304	326	280	277
		6	187	200	185	191	278	320	270	274	343	404	331	331
		11	198	214	197	206	302	352	299	320	382	474	379	399
	30	2	316	251	278	247	436	357	387	348	498	441	458	421
		3	227	226	209	206	326	323	295	290	403	396	366	357
		6	211	229	207	212	317	350	305	307	397	444	377	372
		11	219	233	218	222	335	380	331	341	418	501	412	423

从结果可以看出，偏离度算法在大多情况（61/108）下表现比其他算法更好，可以肯定的是，这主要是因为偏离度算法是在总体分析当前工作区块中所有未拣选拣货点的分布情况下，确定当前子通道的拣选路线，得出的结果较其他算法更接近全局最优。

3.4 偏离度算法实验结果分析与讨论

通过分析结果数据，我们还可以在偏离度算法表现较好的情况中发现如下规律：

（1）在横向通道数量较多时，偏离度算法表现不佳。从表3-5可看出，在横向通道数量为11时，尤为如此，主要是因为在子通道长度过短时，偏离度算法的决策失去了优势，没有在S-Shape和Combine下直接选择穿越来得简便。

表3-5 偏离度算法表现占优情况分布

横向通道数量	2	3	6	11
分布情况	27	27	7	0

（2）在同样的横向通道数量下，通道长度增加时，偏离度算法的表现能力加强。例如横向通道数量为6时，偏离度算法在通道长度为10的布局中普遍不如其他算法，但在长度为20、30的个别布局中能够取得优势。由此可见，虽然横向通道多的情况下偏离度算法表现不佳，但这与子通道的长度有很大关系。

（3）仔细观察横向通道数量为6时偏离度算法占优的这类情况，可以发现，偏离度算法表现较好的情况集中在拣货点数量为30时，即较高的拣选密度，也能体现偏离度算法的优势，因为其他算法在高拣选密度时都倾向于直接穿过通道。

除此之外，我们还可以分析出实验参数对所有算法的影响：

（1） 在通道数量增加，通道长度增加时，所有的算法得出的行走距离都在增加。毫无疑问，大尺度的仓库中，拣货员的行走距离自然会增加。

（2） 比较有意思的是，横向通道数量对算法的影响，如图3-12所示。在横向通道数量从2增加到3时，所有算法都取得了和自己相比最短的行走距离；而横向通道继续增加时，所有的行走距离又开始增加。可见，适当增加横向通道数量时，所有的算法表现都能改善，这是因为增加的横向通道相对缩短了通道内拣选需要的行走距离，而过于缩短后，拣货员又因为要频繁更换当前工作区块，而增加行走距离。这也就意味着横向通道的数量应该有限，横向通道的过多增加并不会带来拣选路线的简化。在通道长度增加后，也应该增加横向通道数量，即保证通道长度与横向通道数量在一个适当比值。也就是说，虽然偏离度在横向通道数量为11时虽然表现不好，但出于整体优化的目的，仓库布局设计时也不会选择设置这么多横向通道。偏离度算法在合理布局中仍然是很适用的。

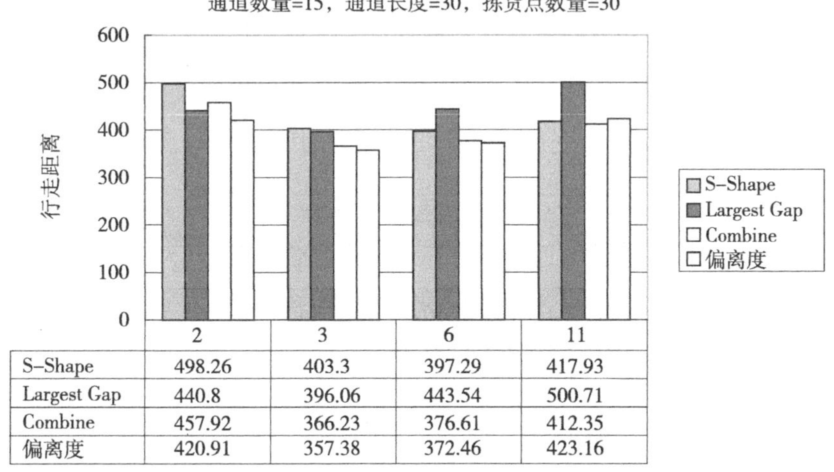

	2	3	6	11
S-Shape	498.26	403.3	397.29	417.93
Largest Gap	440.8	396.06	443.54	500.71
Combine	457.92	366.23	376.61	412.35
偏离度	420.91	357.38	372.46	423.16

图3-12 横向通道数量对算法影响示例图表

（3） 随着拣货点数量的增加，行走距离增加，这与之前第一步实验得出的结论相同。当然，可以预见，当拣选密度高到一定程度时，无论何种仓库布局，行走距离都会达到一个极限。

3.5 本章小结

本章研究了单拣货员在多区块摘果式拣选仓库中的订单拣选路线规划问题。诸多文献[116-117]都指出，寻找针对这种仓库布局的订单拣选路线规划算法是一个非常重要且非常基础的问题，本章对这一问题提出了新的解决思路。本章使用偏离度的概念，构建了针对单区块仓库的订单拣选路线规划算法，并将其扩展到多区块仓库中，具体工作包括：

（1）构建并完善单区块中的基于偏离度的订单拣选路线规划算法并进行改进，使其可以应用于多区块仓库。利用该新方法，拣货员通过分析每个区块中拣货点的总体分布情况可以得出当前待拣选子通道最合适的拣选路线，并且通过在区块间的合理移动保证算法扩展到多区块后仍然适用。

（2）为了验证算法的有效性，设计了一个分为两步的仿真实验。通过第一步寻找到各个算法能体现出优化性能的拣货点取值区间，然后在第二步中验证新算法在各个仓库布局下的表现。实验说明，当拣选密度过高时，任何算法都无法优化，因为拣货员将走过所有通道，甚至Largest Gap行走距离会是通道总长的近两倍。在拣选密度合适时，所有算法才能体现优化性能，新算法则能够在大多数情况下取得最优表现。在横向通道数量适当时，所有的算法的表现都有改善，这也为仓库设计给出了提示。

现有的订单拣选路线规划算法都是针对当前通道情况做决策。然而，局部通道中给出的决策无法考虑拣货点总体分布情况，只能做到局部优化，与总体最优的目标之间有很大的不同，具有很强的局限性。因此，将拣货点总体分布考虑在内，对订单拣选路线规划算法设计具有重要意义。

本章研究了多区块仓库订单拣选路线规划问题，提出了基于偏离度的订单拣选路线规划算法，也分析了通道长度、通道数量、拣货点数量等对算法的影响，相关结论为指导仓库设计提供了理论依据。本章的研究成果为进一步优化多区块仓库拣选模型的参数提供了基础，本章的研究思路也可用于其他结构仓库中的订单拣选路线规划研究。

4　考虑双拣货员堵塞的订单拣选路线规划

4.1　引言

在大多数相关文献中，由于规则简单、易于实施[2, 120]，专用启发式策略如S-Shape等被广泛地用于仓库订单拣选的实际运作。当然这些算法的广泛应用与作业设备和信息管理的限制不无关系。如今，自动化拣选设备和管理信息系统的长足进步为采用更有效的订单拣选路线规划算法提供了巨大的机遇[171-173]，也有相应文献尝试采用智能优化算法规划订单拣选路线[174-175]。

到目前为止，大多数订单拣选路线规划研究集中在为单个拣货员设计订单拣选路线规划算法。然而，在实际中，多个拣货员同时在一个拣选区域内工作的情况普遍存在。这种情况下，堵塞就在所难免。例如，当一个拣货员要访问的货位已经被其他拣货员占用，或者两个拣货员要同时相向走过一个窄通道时，就会发生堵塞。文献[136]指出当多个拣货员在窄通道仓库中同时工作时，必须考虑堵塞的影响。然而，在现有的订单拣选路线规划算法中，在构建路线时从未考虑过堵塞。只用一些简单的规则用于应对已经发生的堵塞，例如当通道已经被占用时，其他拣货员都必须在通道口等待。因等待而产生额外的等待时间是毫无附加价值的，这显然会影响订单拣选效率。因此，提出一个在构建路线时考虑堵塞的路线算法势在必行。

本章提出了一个基于蚁群算法的双拣货员订单拣选路线规划算法，命名A-TOP（ant colony optimization for two order pickers），该算法考虑了以往订单拣选路线规划相关研究中忽略而现实中广泛存在的堵塞问题。在一个综合性仿真实验中，A-TOP与另外两种启发式算法策略进行了对比验证。同时，仓库布局和订单参数对算法和堵塞频率的影响也做了相应分析。结果证明A-TOP由于蚁群算法得出的路线更短，且有完善的堵塞应对机制，在大多数情况下，能够取得比对比算法更短的订单服务时间，且消耗更短的堵塞等待时间。

4.2 双拣货员堵塞问题描述

4.2.1 双拣货员堵塞定义与分类

本章涉及的仓库布局也是多区块窄通道摘果式仓库，如图2-8所示。在这种仓库中我们假设有两个拣货员工作，每个拣货员在一次拣选时，服务于一个订单，即采用按订单拣选的策略。第一个订单到达后，第一拣货员就会出发，而在其执行拣选任务时就会形成某时刻对某货位的占用，第二拣货员在之后执行拣选时，如果想同时访问这些货位或者通道，就会发生堵塞。根据文献[141]，这类堵塞可以分为如图4-1所示的三类：

（1）两拣货员要同时拣选位于同一通道的货物，而两拣货员都要从远离各自目标的入口进入并越过对方的目标，如图4-1（a）所示；

（2）两拣货员要同时拣选同一个货位上的货物，或者有一个拣货员已经在拣选这个货位，如图4-1（b）所示；

（3）一个拣货员只是想穿过一个通道，而这个通道正在被另一个拣货员占用，如图4-1（c）所示。

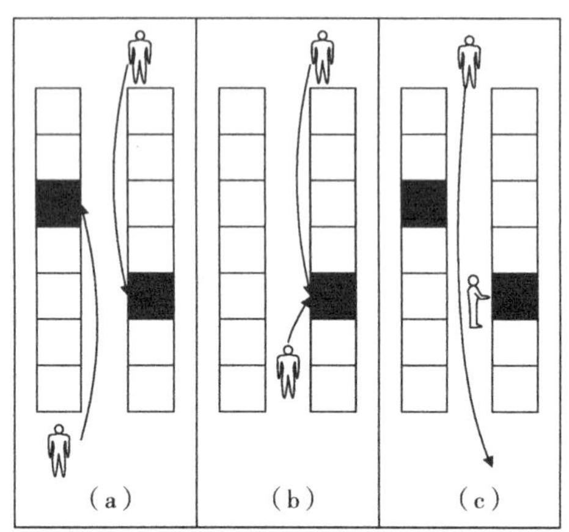

图4-1　双拣货员堵塞种类分类示意

通常情况下，仓库会采用拣选通道独占式访问的策略，即通道中只允许一个拣货员进入，其他拣货员必须在通道入口等待，这种策略在文献[138-140]中被采用。此外，一种严格的S-Shape算法也被一些文献采用[11, 147]，即仓库中的所有通道无论是否有拣货任务，都被规定从一个指定的行走方向完全经过，这种算法保证了每个拣货员都按照指定路线行走，不会出现两个拣货员通道内相向而行发生堵塞的情况。可是目前的这几种方式只是在拣选过程中处理堵塞，并没有在规划路线时对堵塞情况加以考量。

4.2.2　双拣货员拣选问题假设

为了明确描述拣货员的位置和路线信息，本章还使用如下符号：

P_b——初始拣货点，拣货员某一段拣选路线的起点；

P_t——目标拣货点，拣货员某一段拣选路线的终点；

B_b——初始区块，含有初始拣货点的区块；

B_t——目标区块，含有目标拣货点的区块；

CA_c——拣货员当前所处的横向通道；

PA_c——拣货员当前所处的拣货通道；

PA_t——包含有目标拣货点的拣货通道；

S_b——初始子通道，含有初始拣货点的子通道；

S_t——目标子通道，含有目标拣货点的子通道。

之后，还有如下假设：

（1）订单中的任务相互独立；

（2）两个拣货员在每个拣货点拣选花费的时间都是确定的；

（3）两个拣货员行进速度恒定且相等；

（4）拣货通道和横向通道均无行走方向限制；

（5）两个拣货员执行的拣选任务在出发前既已确定，且拣选过程中不发生变动；

（6）两个订单随时间依次到达，且拣货员接收各自任务后依次出发；

（7）两拣货员的优先级不同，第一拣货员不考虑堵塞情况，第二拣货员在拣选过程中，需要应对堵塞情况。

4.2.3 考虑双拣货员堵塞的拣选路线评价模型

在本章，我们的目标是最小化每个拣货员的订单拣选服务时间，订单拣选服务时间可以表示为准备与货物分类时间（setup and sort time），拣选时间（pick time），行走时间（travel time）和等待时间（wait time）的和。然而，订单拣选路线规划算法并不考虑准备与货物分类时间的影响，所以我们假设该时间对所有订单都是个定值并忽略不计。此外，拣选时间是由订单中的货物数量决定的，因此，本章的拣选路线方案评价目标函数可以由如下的0–1规划表示：

$$\min \sum_{i \neq j \in \Omega}^{n} x_{ij}\left(\frac{d_{ij}}{v} + Tw_{ij}\right) \tag{4.1}$$

s.t.

$$\sum_{i \in \Omega} x_{ij} = 1, \forall j \in \Omega \tag{4.2}$$

$$\sum_{j \in \Omega} x_{ij} = 1, \forall i \in \Omega \tag{4.3}$$

$$u_i - u_j + \omega x_{ij} \leqslant \omega - 1, \forall i \neq j \in \Omega, i \neq 0, j \neq 0 \tag{4.4}$$

$$x_{ij} \in \{0, 1\}, \forall i, j \in \Omega \tag{4.5}$$

式中，

$i, j \in \Omega$——拣货员要经过的拣货点及Depot，其中i=0表示Depot；

d_{ij}——拣货点i和j之间的距离；

u_i——拣货点i的拣选顺序，其中u_0=0；

ω——拣货点和Depot数量总和；

v——拣货员的移动速度；

Tw_{ij}——从i移动到j时产生的等待时间，对于第一拣货员Tw_{ij}=0。

模型的决策变量是x_{ij}=1，如果拣货员决定在完成i点的任务后前往j点（$i,j \in \Omega, i \neq j$）。

目标函数式（4.1）是要求取得每个拣货员完成一个订单的行走时间和等待时间的最小值，对于第一拣货员，只是求取行走时间的最小值；约束式（4.2）和式（4.3）是确保拣货员的每个拣货点有且只有一个前项和后项任务；约束式（4.4）确保拣货员的拣选路线中都不会出现子回路；最后约束式（4.5）是定义决策变量的取值域。需要说明的是，这个模型也可以用来求解最优拣选路线，但如果等待时间无法提前获知，则该模型就只能用于评价路线方案的优劣，这也是本书将所列模型称为评价模型的原因。基于以上模型，本书提出了以ACO为基础的双拣货员订单拣选路线规划算法，以提高拣选效率。

4.3 考虑双拣货员堵塞的订单拣选路线规划算法

ACO是一种元启发式算法（meta-heuristic），其思路就是模仿自然界中蚁群在寻找食物时利用信息素生成路线的方式为科学问题寻找解决方案[176]。该算法能广泛地应用于如TSP和VRP[176-178]等规划问题。在供应链领域，文献[179]将蚁群算法用于解决固定目的地多源多旅行商问题（fixed destination multi-depot multiple traveling salesmen problem，MmTSP）、文献[180]则是将其用于解决交叉配货网络（cross-docking network）中的运输问题；文献[181]则是在自动化立体仓库的自动存取系统中，为需要进行三维运动的堆垛机集成了一个基于蚁群算法的路线算法。

本书中的订单拣选路线规划问题最初被定义为Steiner-TSP[2]，当然，使用ACO也是可行的。在使用ACO时，拣货员比使用专用启发式策略具有更少的约束，这一灵活性确保拣货员更容易找到更短的路线，另一个重要的原因是，ACO的原理是利用蚂蚁模仿拣货员从一个拣货点走到另一个拣货点，这一过程中可以与处理堵塞的相关规则有机结合。一个典型的蚁群算法的中英文流程如图4-2所示[176，182]。

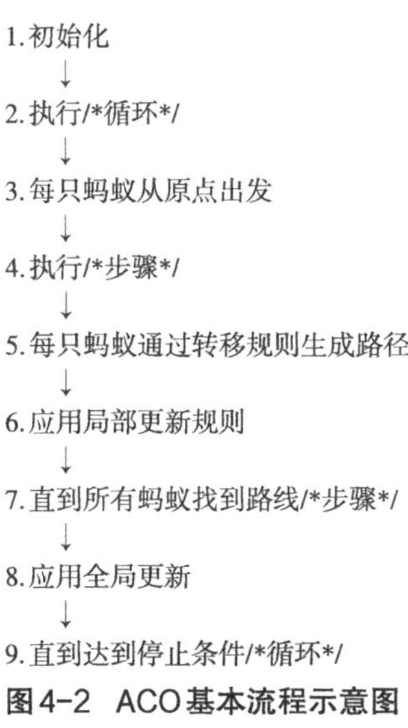

1. 初始化
2. 执行/*循环*/
3. 每只蚂蚁从原点出发
4. 执行/*步骤*/
5. 每只蚂蚁通过转移规则生成路径
6. 应用局部更新规则
7. 直到所有蚂蚁找到路线/*步骤*/
8. 应用全局更新
9. 直到达到停止条件/*循环*/

图4-2 ACO基本流程示意图

针对本书涉及的问题、算法主要需进行两方面的改进：一方面，将拣选问题转换成能被ACO解决的问题；另一方面，在ACO基本流程中使用特殊的流程或规则，以处理第二拣货员在路线规划中会遇到的堵塞问题。

4.3.1 算法初始化

在算法的初始化阶段，需要将仓库中的拣货点和Depot转换成待“旅行商”要访问的“城市”，即蚁群要行走的点，如何获取点与点之间的距离作为算法的输入，是该阶段的核心问题。出于对仓库布局特点的考虑，两个拣货点之间或拣货点与Depot间的距离采用曼哈顿距离（manhattan distance）衡量，即沿着坐标轴的距离差的和。例如，如果两点坐标为（x_1，y_1）和（x_2，y_2），则两点的距离为$|x_1-x_2|+|y_1-y_2|$[124]。需要注意的是，同样是由于仓库布局的特点，也存在如图4-3所示的特例，如果两点属于同一区块且不同通道时，由于不是每个货位周围都有道路相邻，拣货员需要通过横向通道更换通道，这就使得两者之间存在的两条可行路线都不等于曼哈顿距离，这时，一般取距离短的一条路线作为其距离测度[98，124]。

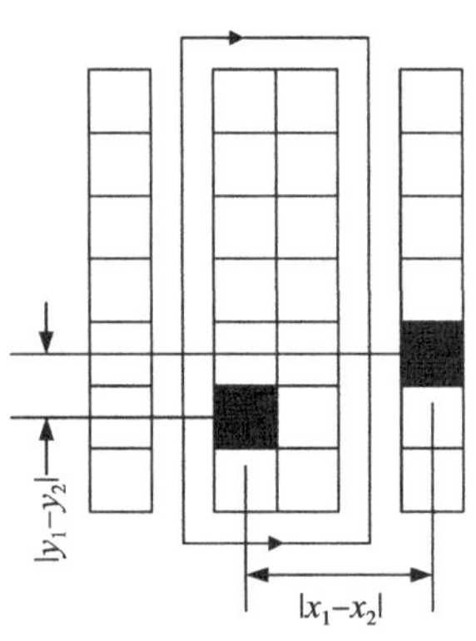

图4-3 拣货点间存在多种行走方式的情况示意图

该阶段的另一个步骤，就是为蚁群即将行走的每一条路线赋以初始的信息素浓度值。本书中，初始信息素浓度值由式（4.6）定义：

$$T_{ij}(0)=\frac{1}{P\times(P+1)} \tag{4.6}$$

式中

$T_{ij}(0)$——任务点i与j在0时刻的信息素浓度；

P——number of picks拣货点数量。

4.3.2 逻辑距离的定义与取值

在路线构建时，第一拣货员处于较高优先级，在拣选过程中，不会发生堵塞，所以在算法得出所有拣货点的拣选次序后，直接执行即可。然而，对于第二拣货员，要在路线构建时就提前处理在之后拣选过程中出现的堵塞，这就要求蚁群在选择下一个拣货点时，能够判断在去往这些拣货点的路线上是否会发生堵塞情况。

因此，首先是要有一个能够让蚁群获知未来时刻堵塞信息的机制，本书采用了一个禁忌表，在为第一拣货员生成拣选路线后，就将该路线中每个时刻第一拣货员所处的位置信息记入该表中。在为第二拣货员构建路线时，该表中的信息就作为算法判断是否会在通道中产生堵塞的依据。此外，在构建路线过程中，如果遇到无法避免的堵塞，第二拣货员可能会不得不在某地点等待，这时的等待时间也应该作为第二拣货员从当前点到该拣货点的作业成本的一部分。因此，不同于第一拣货员行走时间就是其在点与点之间移动的作业成本；对于第二拣货员来说，实际的作业成本不能单纯用行走时间代表，本书使用逻辑距离的概念描述这一作业成本，逻辑距离代表第二拣货员从当前点到拣货点的行走与等待时间之和，该距离的值的计算又与两个拣货点之间的空间关系紧密相关。

两个拣货点的空间关系，可以分为如图4-4所示的三类：同一子通道内、同一区块且不同子通道及不同区块的拣货点或Depot。

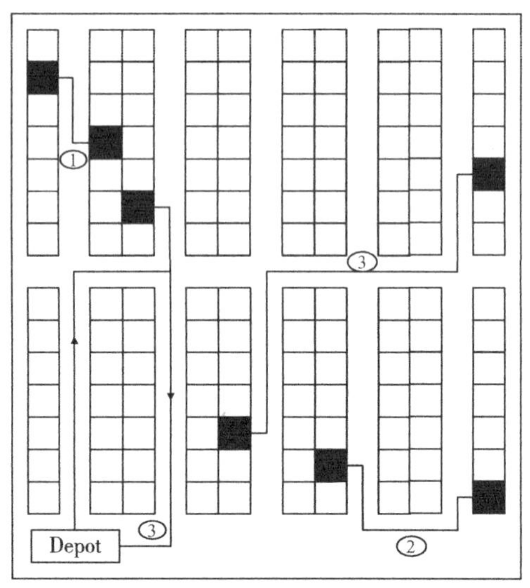

图4-4　拣货点空间关系分类

每一类的逻辑距离又由如下对应的规则确定：

1）同一子通道内。

Step 1：如果拣货员能无障碍地到达P_t，则直接前往P_t；否则，到Step 2。

Step 2：如果拣货员能在P_b等待，如图4-5（a）所示，原地等待直到能到达P_t；否则，如图4-5（b）所示，从一个可行的方向离开当前区块，在入口等待直到能到达P_t。

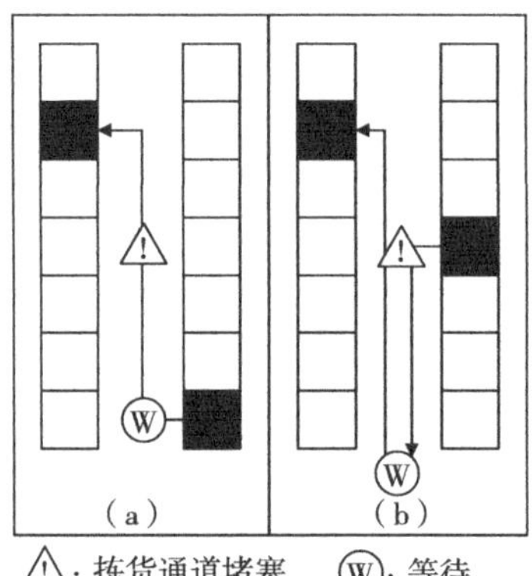

图4-5　同一个子通道内两拣货点间逻辑距离

2）同一区块且不同子通道。

Step 1：如果拣货员能按照之前确定的默认路线的方向无障碍离开S_b，则按照默认路线离开S_b并到达S_t入口，前往Step 4；否则，前往Step 2。

Step 2：如果拣货员能在S_b等待，如图4-6（a）所示，在原地等待直到能无障碍执行默认路线，到达S_t入口，前往Step 4；否则，如图4-6（b）所示，前往Step 3。

Step 3：从可行方向离开S_b，并沿该横向通道到达S_t入口，前往Step 4。

Step 4：在S_b入口等待，直到能直接到达P_t。

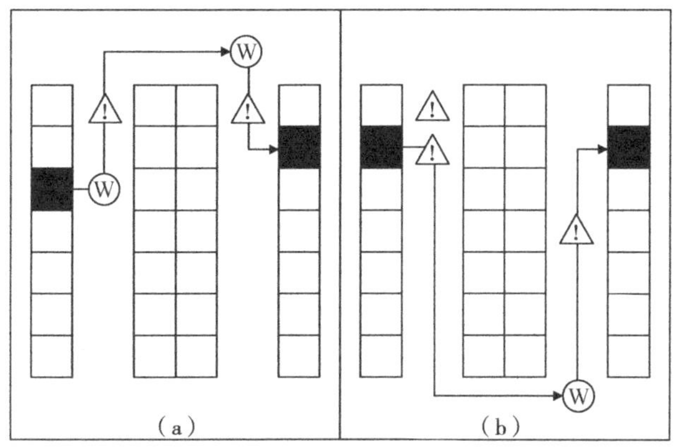

图4-6 同一个区块但不同子通道内两拣货点间逻辑距离

3）不同区块的拣货点或Depot。

Step 1：如果拣货员能无障碍离开S_b，并到达靠近B_t的横向通道，或者P_b就是Depot，离开到达横向通道，前往Step 4；否则，前往Step 2。

Step 2：如果拣货员能在S_b等待，如图4-7（a）所示，则在原地等待直到能无障碍离开，前往Step 4；否则，如图4-7（b）所示，从可行方向离开，前往Step 4。

Step 3：沿着CA_c行走到能用最短时间穿过该位于B_t和CA_c之间的非B_t的区块的PA（$PA_c \leqslant \mathrm{PA} \leqslant \mathrm{PA}_t$或$PA_t \leqslant \mathrm{PA} \leqslant \mathrm{PA}_c$），然后穿过该区块到达另一

端的横向通道，如图4-7（c）所示，前往Step 4。

Step 4：如果CA_c既不是B_t的CA_f，也不是其CA_b，或者在P_t是Depot的前提下，CA_c不是CA_1，则返回Step 3；否则，前往Step 5。

Step 5：如果P_t是Depot，直接返回Depot；否则，到达S_t入口并在能都进入S_t时，到达P_t。

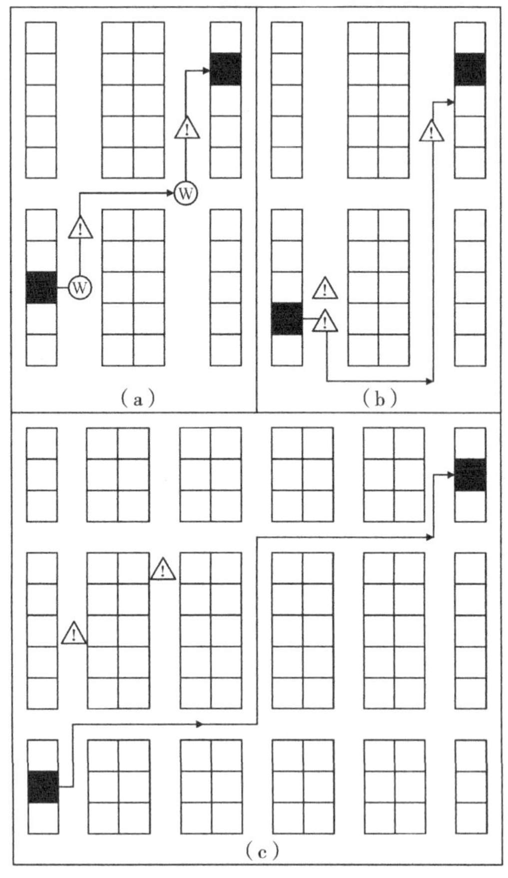

图4-7　不同区块的拣货点或Depot间逻辑距离

在以上这些规则中，判断能否进入一个通道进行拣选的条件是，第二拣货员将要进入的通道中，任何会经过的点都不会在其工作的这段时间被第一拣货员占用。如果条件不能满足，则视为会发生堵塞，算法就通过以上规则调整或者控制第二拣选员的行动，防止堵塞在拣货通道内发生。这种经过调整的路线所对应的执行时间就是从P_b到P_t的逻辑距离。当然，这种规则也可以用于在实际拣选作业时对第二拣货员的行动提供指导。为了与A-TOP对比，本书选取的对比算法中，有一种就是使用这些规则改进后的S-Shape，命名为$S-Shape^{+}$。利用这些规则，$S-Shape^{+}$可以使第二拣货员在执行既定的访问顺序是也能避免堵塞。

此外，还有需要注意的一点是，在选择下一个拣货点时，再实时求取从该目标到其他未完成拣货点的逻辑距离，因为逻辑距离随着该路线开始执行的时间不同而变化。如图4-8所示，当前情况下执行路线从拣货点a到拣货点b如果只用2s；而在5s后执行，道路上发生了堵塞，可能第二拣货员就不得不等待一段时间，这就使得逻辑距离要在构造路线时随时更新。

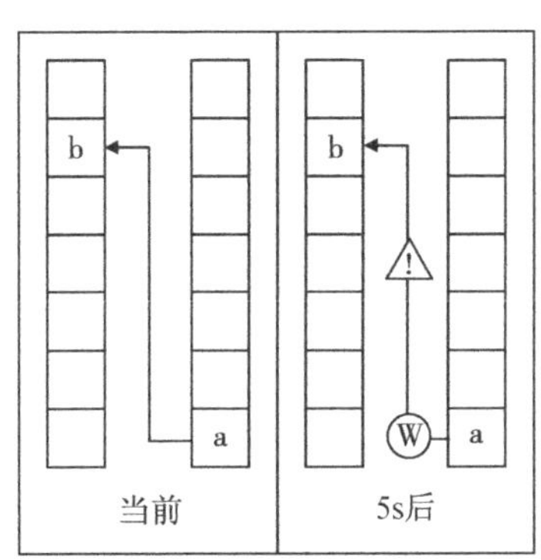

图4-8 随时间变化的逻辑距离

在确定逻辑距离后，蚁群就通过该距离，结合散落在这些路线上的信息素浓度来确定各个拣货点的访问顺序，直到所有拣货点均被访问后，返回Depot。

4.3.3 蚁群构建路线

在蚁群算法中，每个蚂蚁均相当于一个拣货员，构造所有路线。每次构造时，从集合中选择未访问的拣货点，路线构造完毕，该路线的总体长度L即作为衡量该路线的评价标准。每一个蚂蚁都是通过转移概率从未完成拣货点集合U中选择下一个拣选目标，符号$P_{ij}(t)$即表示在t时刻拣货点i移动到j的概率，该概率值由以下公式确定：

$$p_{ij}(t)=\begin{cases}\dfrac{[T_{ij}(t)]^{\alpha}[\eta]^{\beta}}{\sum_{j\in U}[T_{ij}(t)]^{\alpha}[\eta]^{\beta}},(\text{如果}j\in U)\\ 0 \qquad (\text{如果}j\notin U)\end{cases} \tag{4.7}$$

其中，$T_{ij}(t)$是时刻t位于从i到j路线上的信息素浓度，η_{ij}是从i到j路线的可见度[176]，本书中，对于第一拣货员来说，该值等于从i到j路线的行走距离的倒数，第二拣货员则是逻辑距离的倒数，α和$\beta(\alpha\geqslant 1,\beta\geqslant 1)$分别代表了对信息素浓度和路线可见度的重视程度。需要注意的是，这两者的取值会很显著的影响算法效率。然而，如何确定最有效的取值，是很难不经过实验就能敲定的[183]。所以，最优取值通常都是根据以往知识或者实验观察得来的。

在A-TOP中，每只蚂蚁构建其可行路线都是根据如图4-9所示的流程进行的。

4.3.4 信息素更新机制

为模仿自然界中蚁群利用信息素进行的正负反馈，算法中也引入了相关机制，通过对信息素的更新以反映蚁群的行为和改进解的质量[177]。每当一条路线构建好后，所有路线上的信息素会进行更新，信息素更新通常包括局部更新（负反馈）和全局更新（正反馈）[177]。其中，局部更新是让所有的信息素挥发一部分，这使得所有的信息素量都减少，防止其中某条路线会过多地被选择而陷入局部最优；全局更新则是通过在所有m只蚂蚁发现的解中所包括的路线上添加一定量的信息素而实现的，这使得蚂蚁在之后的构建中更倾向使用这些在之前使用过的路线[179]。在每一次t时刻，所有蚂蚁完成构建路线后，为了进行下一轮的路线构建，t + 1时刻所使用的信息素浓度就会通过以下公式实现局部和全局更新：

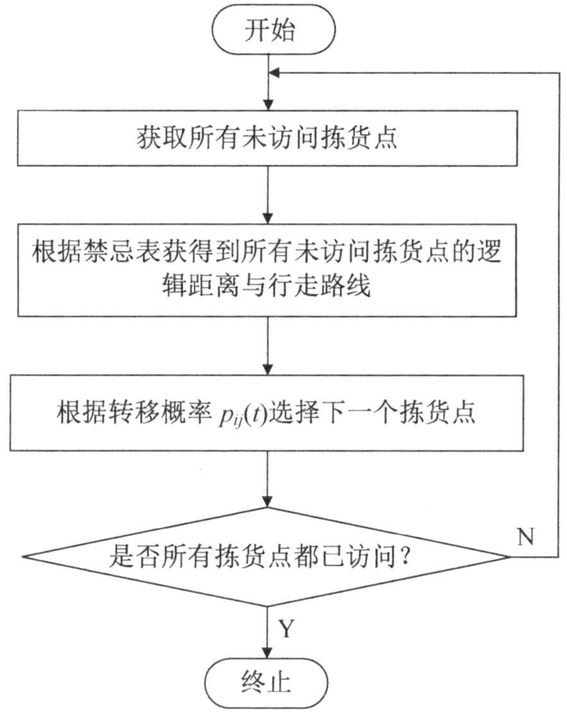

图4-9 单只蚂蚁构建路线流程

$$T_{ij}(t+1)=(1-\rho)T_{ij}(t)+\Delta T_{ij}(t,t+1) \tag{4.8}$$

其中，$\rho\,(0<\rho<1)$是信息素挥发速度，$(1-\rho)T_{ij}(t)$即局部更新后的信息素浓度，全局更新则是通过$\Delta T_{ij}(t,t+1)$实现信息素附加，$\Delta T_{ij}(t,t+1)$代表在t与t + 1时刻间附加在i到j路线上的信息素浓度，该值又由下式决定：

$$\Delta T_{ij}(t,t+1)=\sum_{k=1}^{m}\Delta T_{ij}^{k}(t,t+1) \tag{4.9}$$

其中$\Delta T_{ij}^{k}(t,t+1)$表示根据第k只蚂蚁在t的行为而产生的t与t+1时刻间附加在i到j路线上的信息素浓度[182]，由下式求得其值：

其中$\Delta T_{ij}^{k}(t,t+1)$表示根据第k只蚂蚁在t的行为而产生的t与t+1时刻间附加在i到j路线上的信息素浓度[182]；由下式求其值得

$$\Delta T_{ij}^{k}(t,t+1)=\begin{cases}\dfrac{1}{L_k}\text{（如果第}k\text{蚂蚁在}t\text{时刻构建路线时经过了}i\text{与}j\text{的路线）}\\0\end{cases}\tag{4.10}$$

L_k 即第k只蚂蚁在t时刻构建的拣选路线长度[183]。

4.3.5 灾变机制

之前描述的路线构建和信息素更新过程都是典型的ACO要素，为了提高蚁群效果并避免局部优化，本书引入了灾变机制。通过一个灾变因子C控制灾变次数，如果在一段时间T内，没有得到比现在更好的解，那么就将当前找到的最优解所经过的路线上的信息素重置为当前值的一半。当灾变发生指定次数后，算法即终止，输出当前最优解。根据从4.3.1节到此的描述，我们就能得到如图4-10所示的A-TOP整体算法流程。

4.4 A-TOP算法的仿真实验

4.4.1 实验设计

为了评估A-TOP（T）的有效性，本书设计了一个综合仿真实验。采用的两种对比算法中，一个是之前提到的S-Shape⁺（S⁺），另一个则是基本S-Shape（S），其中，使用基本S-Shape的第二拣货员在堵塞发生时只能在通道口等待。实验采用的衡量标准是单个拣货员拣选订单的平均拣选服务时间（Te），以及第二拣货员的平均等待时间。考虑到要考察算法在各种仓库配置下的表现，并分析在有堵塞情况下，仓库布局对算法的影响，本

书采取如表4-1所示的实验参数和算法参数，相关文献认为实验所涉及的参数对算法表现有重要影响[10, 140]，具体取值则参考文献[116]。

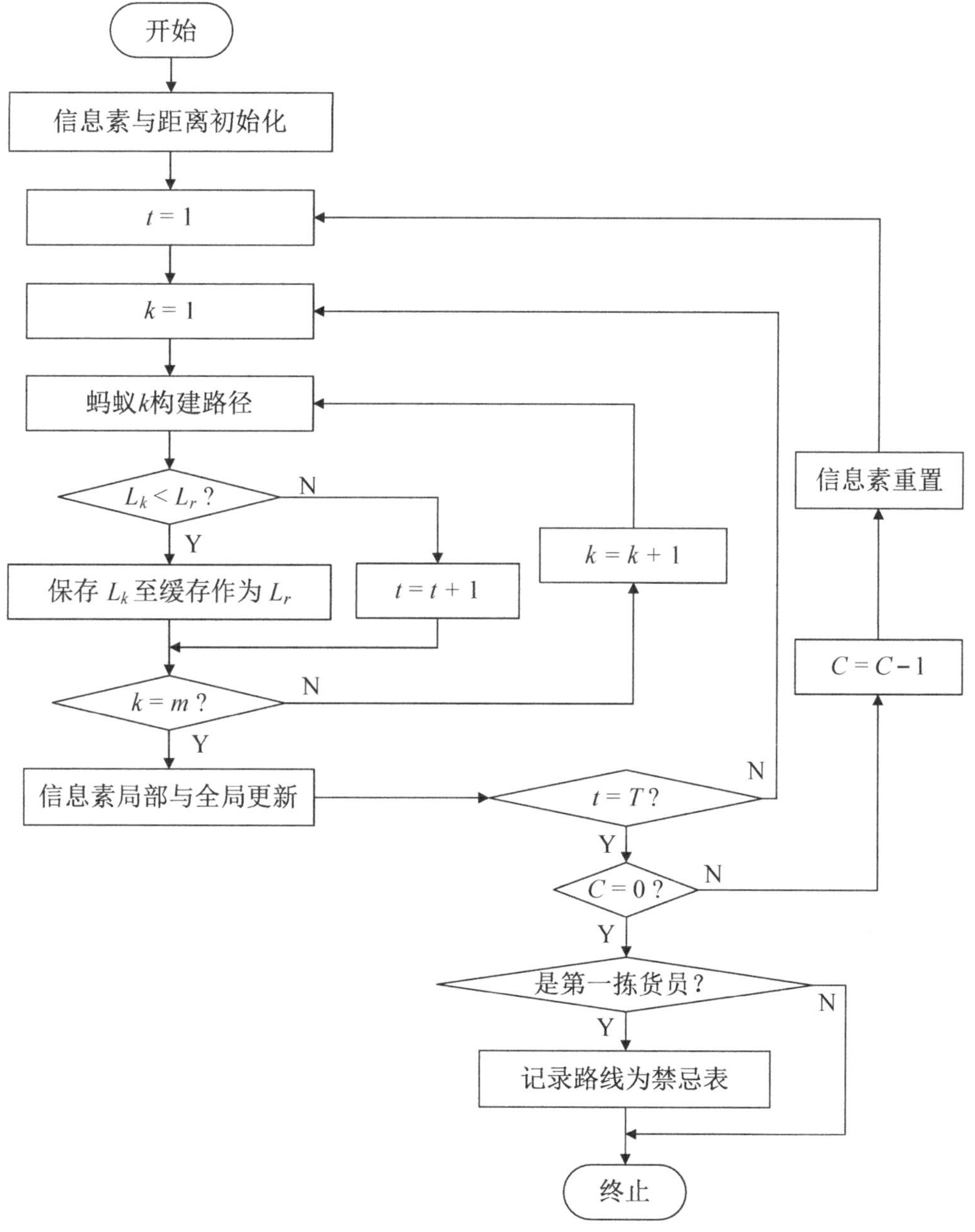

图4-10 A-TOP整体流程

值得一提的是，这些参数实际上可以分为以下两类：

（1）仓库布局参数。

① 通道数量（*PA*）。

② 通道长度（*AL*）。

③ 横向通道数量（*CA*）。

（2）订单属性参数。

① 拣选：行走时间比（PWR）。

PWR最先是由文献[11，13]提出，用于分析在考虑堵塞情况下的仓库拣选效率。PWR值为1∶1时，表示拣货员在一个货位的拣选用时和他走过这个货位的用时相同。该值越大，则说明该货位上的货物选取所需时间越长。

表4-1 实验参数与算法参数取值

参数	取值
通道数量(Number of pick aisles, *PA*)	7,11,15
通道长度(Pick aisle length, *AL*)	10,20,30
横向通道数量(Number of cross aisles, *CA*)	2,3,6,11
拣选:行走时间比(Pick:walk-time ratio, *PWR*)	1:1,5:1,10:1,20:1
拣货点数量(Number of picks, *P*)	10,20,30
α	1
β	5
ρ	0.15
蚁群数量 m	30

② 拣货点数量（P）。

*P*的选用是用来分析拣选密度对堵塞及对算法的影响，拣货点都服从独立平均分布，随机从库区中选取。

每个拣选操作都是从第一拣货员出发拣选开始，到两个拣货员都返回Depot为止，这被称为一个Task。订单一旦到达，拣货员即出发拣选，订单到达时间间隔，即拣货员的出发时间间隔为20s。仓库采用随机存储策略，每次Task的订单也是随机从仓库中选择拣货点。拣货员走过每个货位的用时为1s，其他动作则认为不耗费时间。

4.4.2 实验结果

所有的实验参数构成432种情况，在每种情况下各进行100次Task的重复实验。为了应用ACO，需要开发相应的软件平台[182-183]，本书则是在.net上使用C#开发了相应功能。在一台2.40GHz的PC上，S-Shape运行100次Task的用时在10s以内，A-TOP每次运行一个Task用时在10s内。

从结果总体上看，如表4-2所示，A-TOP在大多数情况（376/432）下表现优于两种对比算法，S-Shape⁺和S-Shape在剩下的56种情况中各有28种情况表现最优，加粗字体标出的数字是在此情况下表现最好的算法，下画线标出的数字则是在95%的置信区间上没通过检验。为了便于对比，由式（4.11）和式（4.12）得出的百分比差异通过表4-3展示。

$$T/S = -\left(T_e(T) - T_e(S)\right)/T_e(S) \times 100 \tag{4.11}$$

$$S^+/S = -\left(T_e(S^+) - T_e(S)\right)/T_e(S) \times 100 \tag{4.12}$$

其中$T_e(T)$、$T_e(S^+)$和$T_e(S)$分别表示A-TOP、S－Shape⁺和S-Shape的订单拣选平均服务时间，T/S和S^+/S则表示A-TOP与S－Shape⁺和S-Shape相比的百分比差异。

在那些A-TOP表现不是最优的情况中，A-TOP最多只比对比算法差6%，而在A-TOP表现最优的情况中这一优势最大能到41%。可以看出，A-TOP和对比算法之间还是有较大的优化空间。从结果上还可以看出，S-Shape⁺和S-Shape之间没有太大的差异，两者的百分比差异只在-3%～3%间波动。当然S-Shape⁺还是稍具优势，在232种情况下，S-Shape是表现第二好的算法。

究其原因，从表4-4可以看出，一方面，在192种情况下，A-TOP的等待时间最短；另一方面，A-TOP的基础算法ACO得出的路线本来就较S-Shape短，所以从两方面综合看来，A-TOP比对比算法优化就毫无意外了。值得一提的是，得出S-Shape的等待时间中有些比A-TOP短，这当然也是因为S-Shape的路线具有明显趋势，第二拣货员很难和第一拣货员相遇。当然，A-TOP下虽然两拣货员相遇次数较多，但由于有很好的处理堵塞的机制，使得A-TOP的总体表现仍然是最好的。

表 4-2 单个拣货员平均拣选服务时间（单位：s）

PWR			1:1									5:1									10:1									20:1								
		P	10			20			30			10			20			30			10			20			30			10			20			30		
PA	AL	CA	A	S^+	S	A	S^+	S	A	S^+	S	A	S^+	S	A	S^+	S	A	S^+	S	A	S^+	S	A	S^+	S	A	S^+	S	A	S^+	S	A	S^+	S	A	S^+	S
7	10	2	89	94	95	112	114	114	125	118	119	130	137	140	194	194	195	245	237	238	183	192	191	300	299	298	395	387	386	288	298	296	505	502	501	695	676	678
		3	81	81	80	106	105	105	119	116	116	120	121	122	187	185	184	239	232	233	176	173	173	291	286	286	394	383	383	284	278	279	502	492	492	696	682	674
		6	79	89	88	105	129	131	123	158	160	120	128	132	187	210	210	244	274	275	174	178	178	291	307	308	395	422	418	282	282	278	499	511	510	695	716	719
		11	89	100	101	118	152	149	139	191	192	128	140	138	201	229	227	256	306	309	183	190	187	302	330	326	413	454	451	292	290	287	511	525	524	709	738	741
	20	2	135	151	155	178	188	185	202	198	199	178	199	198	261	268	272	326	322	322	230	253	252	367	375	375	482	473	478	337	361	356	572	583	580	788	776	775
		3	114	118	120	157	160	159	185	181	179	158	161	160	240	241	240	308	305	300	212	215	213	344	348	348	462	455	455	317	319	321	546	554	552	773	769	763
		6	103	111	111	142	162	163	171	198	197	145	152	151	224	244	243	291	319	317	197	201	200	326	342	344	447	472	470	308	308	304	539	550	548	758	777	777
		11	110	117	115	144	170	168	176	213	212	150	156	155	228	249	252	297	333	331	204	209	210	332	351	348	448	482	482	313	310	309	540	552	554	763	785	787
	30	2	176	201	206	245	257	260	285	282	281	222	254	257	334	348	343	407	402	406	272	306	309	436	453	448	568	556	557	379	412	418	640	656	661	869	857	860
		3	149	158	158	206	213	215	248	249	243	186	197	197	291	298	298	369	369	369	243	252	254	397	407	408	524	527	526	346	360	360	604	615	614	837	837	838
		6	128	135	135	173	194	194	210	241	240	169	174	175	253	274	276	337	364	364	221	227	227	359	377	381	484	513	517	327	330	330	566	591	589	799	825	826
		11	131	134	138	170	194	195	205	237	242	174	179	178	255	276	276	330	361	365	226	228	226	355	373	376	484	511	513	332	327	332	564	582	583	797	819	817
11	10	2	117	129	130	155	163	164	180	178	178	159	171	174	237	247	248	301	299	301	214	228	226	340	351	351	452	454	452	317	330	334	548	562	561	759	760	757
		3	105	106	109	140	142	142	165	164	163	149	149	149	222	222	224	287	283	282	204	202	200	328	326	327	439	435	437	312	306	305	540	533	533	748	744	738
		6	104	120	125	135	181	185	162	229	228	144	164	169	216	267	265	284	345	348	199	216	217	324	361	365	439	494	495	311	315	314	532	568	570	749	803	798
		11	116	138	134	150	219	213	179	275	279	155	176	174	231	298	294	301	394	400	208	226	228	334	392	397	455	546	543	319	328	330	547	592	597	767	848	843

续表

PWR			1:1									5:1									10:1									20:1								
		P	10			20			30			10			20			30			10			20			30			10			20			30		
PA	AL	CA	A	S^+	S	A	S^+	S	A	S^+	S	A	S^+	S	A	S^+	S	A	S^+	S	A	S^+	S	A	S^+	S	A	S^+	S	A	S^+	S	A	S^+	S	A	S^+	S
	20	2	169	197	198	235	260	262	276	289	288	211	237	237	318	343	347	405	409	411	261	296	293	426	454	447	558	567	567	369	403	399	625	662	662	865	876	878
		3	144	150	147	199	207	207	243	245	245	185	190	192	285	297	289	363	369	371	240	245	244	386	396	394	522	524	522	344	347	351	593	606	604	832	833	840
		6	131	149	150	175	218	220	213	269	270	174	188	191	256	296	301	340	391	390	224	239	238	364	406	405	494	545	547	331	343	344	572	608	608	805	854	853
		11	138	160	155	181	236	240	218	297	303	177	199	199	265	317	311	342	421	420	232	251	247	369	418	415	498	571	572	337	345	349	577	620	626	805	871	880
	30	2	213	257	265	315	352	359	384	398	399	259	301	308	399	444	441	516	524	524	316	358	364	505	551	546	659	675	675	424	479	475	710	759	756	968	994	988
		3	179	192	185	255	276	270	319	334	329	220	233	236	340	365	358	437	453	455	274	286	290	446	467	464	596	611	610	377	387	390	648	672	674	903	925	920
		6	152	169	172	214	252	256	260	320	317	197	212	213	295	337	336	382	439	443	249	261	264	399	440	440	539	594	596	361	371	371	612	651	651	850	902	904
		11	162	175	176	210	259	260	256	332	329	201	216	216	296	342	341	380	454	451	254	270	271	398	438	441	531	599	605	359	368	368	610	648	647	844	914	913
15	10	2	144	158	158	189	207	205	221	231	231	186	201	200	269	292	290	346	356	352	237	253	256	377	396	395	500	509	507	347	362	359	581	604	602	805	817	815
		3	133	133	132	172	174	173	199	200	201	170	172	172	253	253	254	321	321	322	226	224	224	357	355	357	476	476	477	334	328	331	567	564	566	787	785	785
		6	127	157	159	163	239	233	191	287	286	171	199	201	246	314	318	314	408	408	227	251	249	350	415	416	472	556	563	334	359	350	563	617	621	785	868	867
		11	138	176	179	178	279	280	213	359	363	179	212	216	255	356	362	334	473	481	233	264	267	364	459	459	488	628	635	342	365	367	576	664	657	803	926	928
	20	2	197	230	230	275	317	316	335	366	366	239	274	278	359	404	405	461	492	492	296	336	334	462	507	508	613	644	652	396	438	440	670	723	725	927	959	962
		3	166	174	175	233	245	243	285	299	293	211	218	218	312	326	329	406	417	417	263	270	269	422	436	432	564	579	577	372	378	375	628	639	639	871	884	888
		6	157	181	182	204	271	271	246	336	338	197	221	225	291	353	354	372	459	457	252	272	276	391	455	455	526	611	608	358	373	375	605	662	662	840	917	916
		11	161	195	193	214	303	305	252	386	386	200	233	239	292	379	385	377	503	502	252	278	290	398	485	479	530	656	660	367	389	390	612	693	688	847	965	961
	30	2	248	297	302	366	430	429	450	494	495	293	347	343	447	513	504	577	622	623	343	402	401	558	626	619	732	778	779	455	516	511	764	839	833	1036	1094	1090

续表

PWR			1:1									5:1									10:1									20:1								
		P	10			20			30			10			20			30			10			20			30			10			20			30		
PA	AL	CA	A	S^+	S	A	S^+	S	A	S^+	S	A	S^+	S	A	S^+	S	A	S^+	S	A	S^+	S	A	S^+	S	A	S^+	S	A	S^+	S	A	S^+	S	A	S^+	S
		3	207	221	223	295	315	316	371	389	389	247	262	259	376	403	400	492	519	521	298	315	319	483	509	512	645	671	674	413	426	425	686	719	720	955	983	983
		6	182	209	211	245	309	312	301	385	390	223	250	249	328	391	395	425	510	514	275	296	298	432	495	492	577	665	659	382	399	402	642	702	700	890	970	971
		11	187	217	217	247	330	320	298	414	411	227	260	254	326	407	408	419	533	533	277	302	304	427	504	504	572	689	691	389	406	407	641	706	713	881	993	991

表 4-3 单个拣货员拣选服务时间百分比差异（单位：%）

PWR			1:1						5:1						10:1						20:1					
		P	10		20		30		10		20		30		10		20		30		10		20		30	
PA	AL	CA	A/S	S+/S	A/S	S+/S	A/S	S+/S	A/S	S+/S	A/S	S+/S	A/S	S+/S	A/S	S+/S	A/S	S+/S	A/S	S+/S	A/S	S+/S	A/S	S+/S	A/S	S+/S
7	10	2	7	1.4	1.5	0.1	−5.2	0.5	7.1	2	0.4	0.4	−3.2	0.1	4.2	−0.2	−0.5	−0.3	−2.5	−0.2	2.5	−1	−0.9	−0.3	−2.5	0.2
		3	−0.7	−1.1	−0.1	0.4	−2.9	−0.5	1	0.5	−1.4	−0.3	−2.6	0.2	−1.6	−0.2	−1.8	−0.1	−2.7	0.1	−1.8	0.4	−2	−0.1	−3.2	−1.2
		6	10.7	−0.9	19.9	1.3	23.1	1.5	9.3	2.8	10.8	−0.1	11.4	0.4	2.3	0.3	5.3	0.1	5.7	−1	−1.5	−1.4	2.1	−0.2	3.3	0.4
		11	11.8	0.3	20.8	−1.9	27.5	0.5	6.9	−1.3	11.7	−0.5	17.1	1	2	−1.6	7.5	−1	8.5	−0.6	−1.8	−0.9	2.5	−0.2	4.4	0.5
	20	2	12.7	2	3.8	−2	−1.4	0.6	9.8	−0.6	4.1	1.6	−1.2	0.2	8.5	−0.5	2.4	0.1	−0.9	0.9	5.3	−1.5	1.3	−0.5	−1.7	−0.2
		3	4.9	1.9	0.9	−0.8	−3.3	−1	1	−0.8	0.2	−0.5	−2.6	−1.5	0.8	−0.6	1.1	−0.1	−1.4	0	1.2	0.4	1.1	−0.3	−1.3	−0.7
		6	7	−0.1	12.9	0.3	13	−0.6	4.2	−0.6	7.7	−0.4	8.3	−0.5	1.6	−0.3	5.1	0.6	4.9	−0.5	−1.2	−1.2	1.6	−0.4	2.5	0.1
		11	4.9	−1.1	14.3	−1.1	17.1	−0.5	3.3	−0.7	9.7	1.1	10.4	−0.5	2.5	0.5	4.6	−0.8	7	0.1	−1.2	−0.1	2.5	0.4	2.9	0.2
	30	2	14.3	2.4	5.8	1.1	−1.6	−0.3	13.7	1.3	2.8	−1.2	−0.1	1	12	1	2.5	−1.2	−2	0.2	9.3	1.4	3.3	0.7	−1.1	0.4

续表

PWR			1:1						5:1						10:1						20:1					
		P	10		20		30		10		20		30		10		20		30		10		20		30	
PA	AL	CA	A/S	S+/S	A/S	S+/S	A/S	S+/S	A/S	S+/S	A/S	S+/S	A/S	S+/S	A/S	S+/S	A/S	S+/S	A/S	S+/S	A/S	S+/S	A/S	S+/S	A/S	S+/S
		3	5.6	0.3	4.5	1.4	−2.1	−2.7	5.3	−0.3	2.5	0.1	0	−0.1	4.2	0.5	2.7	0.3	0.5	−0.1	3.8	−0.2	1.7	−0.1	0.1	0.1
		6	5.1	0	10.7	0.1	12.4	−0.5	3.3	0.6	8.3	0.7	7.5	0	2.8	0.3	5.9	1	6.4	0.7	0.8	0	4	−0.3	3.3	0.1
		11	5.7	2.9	12.5	0.1	15.2	2.1	2.2	−0.4	7.8	0.1	9.5	1.1	0.2	−0.5	5.7	0.7	5.6	0.4	0	1.5	3.2	0	2.5	−0.2
11	10	2	9.7	0.8	5.3	0.1	−0.6	0	8.3	1.5	4.3	0.3	0.1	0.8	5.3	−1.2	3.3	−0.1	0	−0.3	5.3	1.2	2.3	−0.2	−0.2	−0.3
		3	3.3	2.7	1.2	0.2	−0.7	−0.3	0.4	0.2	0.7	0.7	−2	−0.6	−1.9	−0.9	−0.4	0.2	−0.4	0.3	−2.4	−0.3	−1.2	0.1	−1.3	−0.7
		6	17.3	3.9	26.8	2	29.3	−0.3	14.3	2.6	18.4	−0.7	18.4	0.8	8.5	0.3	11.4	1.1	11.3	0.2	1	−0.3	6.6	0.5	6.1	−0.7
		11	13.8	−2.8	29.6	−2.4	35.8	1.2	11	−1.1	21.5	−1.3	24.7	1.6	9.1	1	16	1.4	16.2	−0.5	3.4	0.7	8.3	0.9	8.9	−0.7
	20	2	14.4	0.6	10.1	0.7	4.3	−0.1	11	−0.2	8.2	1.2	1.6	0.5	11	−0.9	4.8	−1.4	1.7	0	7.6	−1.1	5.6	−0.1	1.4	0.2
		3	2.2	−1.8	4.2	0.1	0.8	−0.1	3.6	0.7	1.4	−2.5	2.1	0.3	1.4	−0.4	2.1	−0.4	0.1	−0.3	1.9	1	1.8	−0.4	0.9	0.9
		6	13.1	0.9	20.3	1.1	21.1	0.4	8.9	1.4	14.8	1.7	12.9	−0.1	6	0	10.1	−0.3	9.8	0.4	3.9	0.4	5.9	0.1	5.7	−0.1
		11	10.9	−2.8	24.6	1.9	27.8	1.8	11	−0.1	14.9	−1.8	18.5	−0.3	5.9	−1.8	11.2	−0.6	13	0.2	3.4	1.1	7.9	0.9	8.5	1
	30	2	19.6	2.8	12.3	2	3.7	0.2	16.1	2.5	9.5	−0.7	1.5	0	13.4	1.7	7.5	−0.9	2.3	−0.1	10.8	−0.8	6	−0.4	2	−0.6
		3	2.9	−3.8	5.6	−1.9	3	−1.5	6.5	1.1	5.2	−1.8	4	0.6	5.5	1.2	3.8	−0.6	2.3	−0.1	3.4	0.7	3.8	0.2	1.8	−0.5
		6	11.6	2.1	16.4	1.4	18.1	−1.1	7.5	0.3	12.3	−0.1	14	1.1	5.9	1.1	9.3	−0.1	9.5	0.3	2.7	0.2	6	0	6	0.1
		11	7.9	0.4	19	0.3	22.2	−0.6	6.9	−0.4	13.2	−0.2	15.7	−0.7	6.3	0.4	10	0.8	12.3	1	2.4	0.2	5.7	−0.1	7.5	−0.2
15	10	2	8.8	0.3	8	−1	4.4	0.1	6.8	−0.5	7.3	−0.6	2	−1	7.3	1.1	4.4	−0.4	1.3	−0.3	3.2	−0.9	3.5	−0.3	1.3	−0.3

续表

PWR			1:1						5:1						10:1						20:1					
		P	10		20		30		10		20		30		10		20		30		10		20		30	
PA	AL	CA	A/S	S+/S	A/S	S+/S	A/S	S+/S	A/S	S+/S	A/S	S+/S	A/S	S+/S	A/S	S+/S	A/S	S+/S	A/S	S+/S	A/S	S+/S	A/S	S+/S	A/S	S+/S
		3	−0.1	−0.5	0.6	−0.4	1.2	0.7	1.3	0.4	0.4	0.4	0.3	0.3	−0.9	0.2	0.1	0.4	0.2	0.1	−0.9	0.9	−0.2	0.2	−0.2	0
		6	19.8	1.1	29.9	−2.5	33.2	−0.4	14.6	0.9	22.7	1.4	23	0	8.6	−1	15.8	0.2	16.1	1.3	4.5	−2.6	9.4	0.8	9.5	−0.1
		11	22.5	1.3	36.6	0.4	41.4	1	17.1	1.7	29.4	1.4	30.6	1.7	12.9	1.1	20.8	0	23.1	1.1	6.9	0.5	12.4	−1.1	13.4	0.2
	20	2	14.3	0.1	13.2	−0.1	8.5	−0.1	13.9	1.3	11.5	0.4	6.3	0.1	11.5	−0.4	9.1	0.2	6	1.2	10.1	0.5	7.5	0.3	3.6	0.4
		3	5	0.7	4.1	−0.6	2.6	−2.1	3.3	0.1	5.1	0.8	2.5	−0.1	2.2	−0.6	2.4	−0.8	2.1	−0.4	0.8	−0.8	1.7	0	1.9	0.4
		6	13.9	0.5	24.7	−0.1	27.1	0.5	12.6	1.6	17.9	0.2	18.6	−0.3	8.7	1.6	14.1	0	13.5	−0.4	4.5	0.5	8.6	0	8.3	−0.2
		11	16.7	−0.8	29.7	0.6	34.7	0	16.1	2.5	24.1	1.6	24.9	−0.2	13.1	4.1	16.9	−1.4	19.7	0.5	6	0.4	11	−0.7	11.9	−0.4
	30	2	17.9	1.7	14.7	−0.1	9.1	0.3	14.6	−0.9	11.3	−1.8	7.4	0.2	14.3	−0.4	9.9	−1.1	6	0.1	11	−0.9	8.2	−0.8	4.9	−0.4
		3	7	0.8	6.8	0.3	4.8	0.1	4.4	−1.2	6	−0.7	5.5	0.3	6.5	1.1	5.6	0.7	4.4	0.4	2.9	−0.1	4.6	0.2	2.8	0
		6	13.7	1	21.5	0.9	22.9	1.3	10.4	−0.4	17	0.8	17.3	0.7	7.9	0.9	12.1	−0.7	12.4	−0.9	4.9	0.6	8.3	−0.3	8.4	0.1
		11	13.5	0	23	−3.1	27.5	−0.8	10.6	−2.1	20.1	0.3	21.4	0.1	8.9	0.8	15.4	0.1	17.2	0.3	4.4	0.2	10	1	11.1	−0.2

表 4-4　第二拣货员平均等待时间（单位：s）

PWR			1:1									5:1									10:1									20:1								
P			10			20			30			10			20			30			10			20			30			10			20			30		
PA	AL	CA	A	S^+	S	A	S^+	S	A	S^+	S	A	S^+	S	A	S^+	S	A	S^+	S	A	S^+	S	A	S^+	S	A	S^+	S	A	S^+	S	A	S^+	S	A	S^+	S
7	10	2	0.7	0.6	0.5	0.3	0.1	0.1	1.1	0	0	3.1	3.8	3.6	4.8	3.9	3.8	8	3.5	3.1	7.9	11.1	10.6	14.5	11.4	12.3	15.1	7.2	8.6	15	23.4	24.1	28.5	23.9	19.9	36.6	14.5	14.6
		3	0.2	0	0.1	0.4	0	0.1	0.7	0	0	2.2	0.5	0.4	3.1	1.1	1.6	5.2	2	1.2	9	3.8	3	11.9	7.7	8.4	17.4	8.9	10.1	22.3	13.8	14.4	33.9	25.2	24.7	34.8	25.1	26.4

续表

PWR			1:1									5:1									10:1									20:1								
P			10			20			30			10			20			30			10			20			30			10			20			30		
PA	AL	CA	A	S^+	S	A	S^+	S	A	S^+	S	A	S^+	S	A	S^+	S	A	S^+	S	A	S^+	S	A	S^+	S	A	S^+	S	A	S^+	S	A	S^+	S	A	S^+	S
		6	0.1	0	0	0.4	0	0	0.4	0	0	2	0	0.1	2.8	0	0.2	3.9	0.2	0.7	7.3	0.2	0.3	10.3	1.8	2.1	11.5	3.4	3.8	20.3	3.4	4.3	23.5	13.6	12.8	28.2	19.9	23.5
		11	0.1	0	0	0.2	0	0	0.3	0	0	1.4	0	0.1	2.6	0.1	0.2	2.1	0.8	0.1	5.3	0.1	0	7.4	1	0	11.4	0.4	1	22.3	0.2	0	24.4	0.4	1.9	23.1	2	4.5
	20	2	2.7	7.2	8.5	2.4	6.7	4.9	4.9	5.2	5.4	3.9	13.3	12.9	5.9	11.4	14.5	9.9	9	8.2	13	25.9	23	12.9	20.6	20.1	17.9	13.1	18	19.9	36.8	34.5	20.6	33.8	31.3	37.9	22.8	25.3
		3	1.2	1.4	2	1.1	2.9	3.3	2.3	1.9	2.2	3.5	5	5.8	4.6	6.8	7.1	4.5	8.1	7.6	9	10.6	11.1	9.2	16.7	15.5	14.4	15.9	14.2	25.7	24.7	23.4	19.8	35.8	32.8	33.1	40	41.7
		6	0.4	0	0	0.6	0.1	0.1	1.1	0.4	0.3	1.7	0	0	3.3	1.4	1.2	4.3	3.1	2.7	6.5	0.6	1.7	11.2	6.3	6	13.7	10.5	9.5	19.7	8.4	6.9	27.8	18.8	20.3	31.4	27.2	28.6
		11	0.2	0	0	0.3	0	0.1	0.4	0	0	1.7	0	0	3	0.2	0.1	4.4	0.5	0.2	5.8	0.3	0.2	9.6	1.5	1.5	9.2	2.8	3.5	18.9	1.8	2.2	24.8	8.7	8.9	30.6	15.2	17.6
	30	2	4.1	13.8	13.8	4.9	11.7	13.9	7.4	10.8	10.1	7.2	20.1	23.1	9.9	19.7	20.1	9.8	14.3	13.2	11.6	28.1	32.1	14.2	25.2	25.7	24.5	18.2	21.7	22.1	41.6	47.2	27.1	47.1	47	38.8	22.9	34.5
		3	3.6	6.7	7.2	4	8	7.3	2.4	7.5	7.5	3.7	12.5	10.8	6.9	15.1	16.1	5.5	12.7	13.8	10.9	17.5	18	12.8	24.9	25.9	13.1	26.8	26.7	20	33.3	32.6	29.1	45.5	46.8	32.3	50.3	50.2
		6	0.9	0.1	0	1.2	1	1.3	1	2.8	2.3	3	0.6	0.5	2.9	3.8	4.3	3.9	7.5	8.3	7.9	2.8	3.2	10.1	10	13.6	10.5	16.9	17.1	20	12	11.1	24.5	29.2	26.6	24.6	37.1	34.9
		11	0.4	0	0.1	0.7	0.1	0	1.3	0.1	0.2	1.8	0.2	0.3	2.9	0.4	0.3	5.5	1.2	1	7.4	0.4	0.5	8.6	2.3	2.2	10.5	6.9	5.9	19.7	3.9	4.3	17.2	11.9	13.6	28.2	22.3	20.8
11	10	2	0.6	1.8	2.2	0.8	1.2	1.3	1.3	0.4	0.5	2.7	5.9	6.6	4.3	6.6	6.3	4.5	4.9	6.4	7.7	15	13.1	10.1	18.5	16.8	10.7	15.4	15	18.7	27.5	30.3	26.9	41.2	35.1	31.7	37.2	31.6
		3	0.3	0	0.1	1	0.5	0.4	1.2	0.8	0.4	2.7	0.7	0.9	2.9	2.6	3.4	6.2	3.7	3.3	9.3	3.3	3.3	13.5	9.3	9.9	15.8	13.7	12.6	26.6	14.8	14.2	36.4	26.4	27.3	32.1	33.1	32.2
		6	0.1	0	0	0.4	0	0.1	0.8	0.1	0	1.5	0	0	3	0.1	0.2	4.9	0.2	0.3	7.2	0.3	0.1	10.8	1.4	1.7	15.6	3.1	4.1	27.4	3.1	3.3	27.9	11.7	11.4	28.6	20.9	17.7
		11	0.1	0	0	0.2	0	0	0.3	0	0	1.9	0	0.1	3	0.1	0.2	4	0.3	0.3	7	0.2	0.1	9.5	0.3	0.6	14.1	1	1.1	26.3	0.3	0.3	29.3	1.5	0.5	30.5	4.9	1.3
	20	2	2.9	11.4	11.2	3.7	13.3	11.2	3	11.2	7.5	4	16.7	15.8	5.7	19.1	20.1	8.6	13.5	16.9	8.6	30.6	26.3	13.1	29.4	31.8	13.8	25.3	29.3	20	43.6	45.5	19.1	53.8	52.7	29.3	49.9	49.8
		3	1.8	3.3	2.9	1.4	5.7	5.5	2.7	5.1	5	4.5	7.4	7.8	4.6	15.8	12.6	7	15.6	15.6	10.9	14	12	11.8	23.3	22.3	16.1	25.4	23.8	23.5	24.3	26	22.6	40.8	39.6	34.4	44	49.7
		6	0.4	0	0	0.9	0.3	0.7	0.7	1.7	1	2.6	0.1	0	3.6	1.4	2.6	4.7	4.9	5.1	6.7	1.1	0.7	8.8	7.2	7.7	15.5	13.4	14.8	19	7.1	6.9	24.7	18.8	17.2	28.1	28.4	30.8

续表

PWR			1:1									5:1									10:1									20:1								
P			10			20			30			10			20			30			10			20			30			10			20			30		
PA	AL	CA	A	S^+	S	A	S^+	S	A	S^+	S	A	S^+	S	A	S^+	S	A	S^+	S	A	S^+	S	A	S^+	S	A	S^+	S	A	S^+	S	A	S^+	S	A	S^+	S
		11	0.2	0	0	0.4	0	0	0.5	0	0	1.8	0	0	3	0	0	4	0.1	0.6	6.1	0	0.2	7.2	1	0.4	11.3	2.8	3.6	20.5	2	1.6	22.7	7.1	7.7	23.9	13.6	14.6
	30	2	5.3	17.3	15.4	4.6	16.9	21.7	8	17	15.8	7.1	21.4	20.2	7.4	25.5	23.1	13.3	22.1	23.1	15.6	35.2	37.6	14.7	39.6	38.1	16.8	33.9	31.8	22	60.2	61.8	22.1	63.4	61.1	29.5	63.8	55.7
		3	2.4	7.6	6.9	3.2	11.7	9.8	3.5	12.4	12.9	4.4	12.5	12.7	4.8	24.9	20.3	5.9	24.7	26	11.3	19.4	21.9	11.5	31.5	32.4	14	36.8	38.2	21.7	32.3	34.1	26.2	51.6	51.2	28.8	63.3	61.4
		6	0.9	0.1	0.2	0.9	2.4	2.3	1	4.4	4.4	2.5	0.6	0.6	3.4	7.2	7.5	4.6	12.5	13.2	7.5	2.3	2.3	11	12.1	12.6	12.1	20.7	19.9	20.7	10.4	12.7	25.2	25.8	27	28	38.2	40.2
		11	0.2	0	0	0.3	0	0	0.7	0.3	0.2	1.2	0	0.1	3.2	0.1	0.4	3.2	1.7	1.6	5.8	0.3	0.1	10.3	1.6	1.5	11.6	6.2	6.9	20.8	3.3	4.3	28.8	11.9	10.9	25.7	20.3	21.9
15	10	2	1.1	3.2	2.9	1.2	4.3	3.5	1.7	2.5	2.8	3.1	8.3	7.6	2.6	13	11.5	4.9	9.2	9.8	7.5	16.2	15.4	11.4	21.3	19.6	14.8	19.9	18.6	22.8	30.3	27.6	22.4	40.9	39.2	27.2	41	38.4
		3	0.4	0	0	0.6	1.2	1.1	0.9	1.7	1.6	2.7	0.7	1	4.4	4	4.4	6.1	5.6	6.3	8.6	3.7	4.3	14.9	11.3	12	15	15.6	15	23.4	13.6	15.2	34.1	26.9	27.8	34.5	33.3	36.9
		6	0.3	0	0	0.5	0	0	0.4	0	0	2.6	0	0	3.5	0	0.1	6.5	0.4	0.7	10.3	0.1	0	9	1.7	1.2	15.1	3.3	4.1	25.4	3.4	3.4	30.1	9.5	9.7	34.7	17.7	21.1
		11	0.1	0	0	0.2	0	0	0.4	0	0	1.7	0	0	3.2	0.1	0	3.5	0.2	0.1	7.5	0.2	0	10.1	0.4	0	13.5	1	1.2	18.2	0.3	0	25.7	0	0.8	32.9	3.8	4
	20	2	3.3	9.8	12	3.8	14.5	12.9	5.3	16.9	13.5	6.3	17.6	19.3	5.6	25.3	25.4	6.9	24.8	20.4	9.8	32	34.6	10.8	39.8	36.5	12.7	35.2	39.5	20.7	51.6	49.2	22.6	65.1	62.5	29.7	59	68.2
		3	1.5	4.2	3.5	2	6	6.8	3.4	9.5	7.7	5	8.4	8.2	5.3	15.3	17	6.5	18.9	19.4	9.1	12	12.8	15.3	28.8	26.6	17	35.2	32.7	22.6	26.5	24.1	31	41.9	41.1	30.6	50.7	55.2
		6	0.7	0	0	0.7	0.7	0.5	1.2	2.2	2.3	2.6	0	0.1	5	2.5	2.1	4.3	7.5	5.7	8.1	1.1	0.9	12.2	6.8	6.3	12.4	13.7	13.6	23.2	7.9	6.4	28.6	20.2	19.4	29.3	26.3	27.2
		11	0.2	0	0	0.4	0	0	0.5	0	0	1.7	0	0	3	0.1	0.1	3.2	0.6	0.2	5.8	0.1	0.1	9.3	0.4	1.1	10	2.6	3	24.5	2.5	2.1	27.9	7.3	6.7	26.5	15.3	13.8
	30	2	5.5	16.8	17.1	5.4	23.1	21.8	6.4	21.4	19	6.7	23.8	22.9	9	24.2	25.5	8.9	28.8	31.4	10.6	38.2	33.4	12.9	43.6	49.8	17.3	47	42.2	27.8	62.7	55.4	29.4	77	71.7	22.9	82.9	77.5
		3	3.1	9.1	10.2	2.2	12.7	13.5	4.7	16.4	12.9	7.2	15.6	13.9	5	21.1	22.1	6.9	25.7	33.5	9	22.9	22.9	13.9	38.4	36.8	15.5	43.2	48.9	28.2	36.7	37	24.1	59.7	58.6	32.2	69.6	67.7
		6	0.8	0.2	0.3	1.3	3.3	3	1.6	6.2	5.7	2.9	0.6	0.6	4.2	8.9	8.1	6	16.5	16.9	8	3	2.2	9.4	12.8	13.3	9	21.7	23.3	22.6	11.5	11.1	24.1	25	26.9	24.1	32.5	38.5
		11	0.5	0	0	0.5	0	0	0.8	0.4	0.3	1.4	0.1	0.1	2.8	0.2	0.3	2.5	2	1.8	6	0.4	0.2	8.9	2	2.3	9.2	6.4	5.9	22.6	3.4	3.5	24.1	10.4	9.1	22.9	17.4	19.4

4.5 A-TOP算法实验结果分析与讨论

4.5.1 仓库布局对拣选服务时间影响

1）通道数量影响。

当仓库有7个通道时，A-TOP只是在107种这类布局中表现最优。然而，当通道数量从7增加到11和15后，这个数字增加到132和137，如表4-5所示。

表4-5 在不同通道数量下各算法取得最优情况次数分布

方法	PA		
	7	11	15
S-Shape$^+$	16	6	6
S-Shape	21	6	1
A-TOP	107	132	137

2）通道长度影响。

和通道数量的影响类似，A-TOP在长通道下的表现更好。这一趋势在所有通道数量取值下都有表现，尤其是体现在第二拣货员的拣选服务时间上，如图4-11所示。

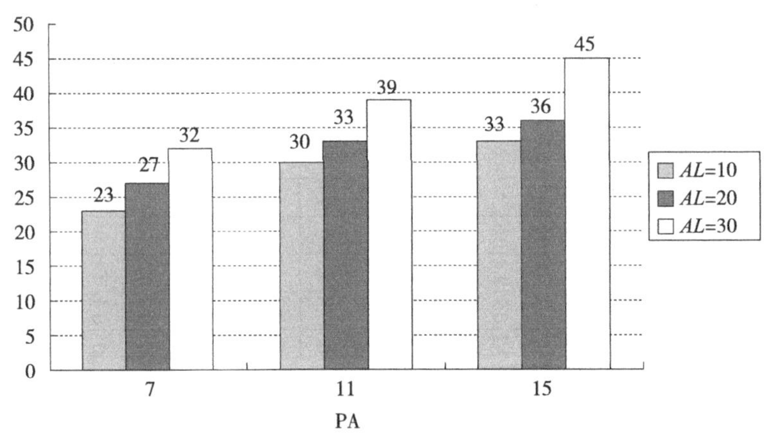

图4-11 第二拣货员在不同通道数量下使用A-TOP取得最优情况次数分布

3）横向通道数量影响。

在376种A-TOP比和S-Shape表现占优的情况中，大多数仓库布局是有6个和11个横向通道，随后是2个横向通道的布局，如表4-6所示。横向通道数量越多，A-TOP比另外两种算法的优势越明显。

表4-6 A-TOP表现最优的情况分布

PA	AL	CA			
		2	3	6	11
7	10	5	1	11	11
	20	8	8	11	11
	30	8	10	12	11
11	10	9	3	12	12
	20	12	12	12	12
	30	12	12	12	12
15	10	12	5	12	12
	20	12	12	12	12
	30	12	12	12	12
合计		90	75	106	105

这些现象的原因主要取决于A-TOP、S-Shape^{+}和S-Shape的通道访问模式的特点。在A-TOP下，待拣选子通道要么会整个穿过，要么从相同通道口进出；而在S-Shape^{+}和S-Shape中，拣货员必须完全穿过整个通道。当仓库只有两个横向通道时，更多的通道访问模式的选择使得A-TOP有优化路线的能力。当增加一条横向通道后，S-Shape^{+}和S-Shape穿过整个通道的长度只是原来的一半，因此拣选服务时间有了巨大优化。此外，A-TOP在仅仅增加一条通道后还不能够体现其另外一个特点。这一特点在横向通道数量增加到6和11后才反映出来，即在通道被分成很小的子通道

后，A-TOP允许拣货员在未完成当前子通道所有任务的情况下，选择拣选其他子通道里的货物。S-Shape⁺和S-Shape仍然只是要求拣货员完成当前子通道内的任务后才能前往其他子通道。灵活的目标选择模式在更多横向通道下的表现使得A-TOP为拣选服务时间优化提供了可能性。

A-TOP比S-Shape⁺和S-Shape在通道数量更多、通道长度更长的仓库中的表现更好，这主要是因为这两个因素的增加意味着仓库的尺寸更大。同样的拣货点数量下，大尺寸仓库中的拣选密度更低，同样给了A-TOP展示其灵活的通道访问模式和目标选择模式的机会。

4.5.2 订单属性对拣选服务时间影响

1）拣选：行走时间比。

随着拣选：行走时间比的增加，A-TOP和其他两个启发式策略之间的差异几乎没有什么变化。尤其是在横向通道数量较多的仓库中。其主要原因在于，行走时间比的增加只是意味着拣货员在单个货位上耗费的时间更多，并导致堵塞等待时间增加，而这并不能给行走时间的优化带来更多的机会。

2）拣货点数量。

有意思的是，拣货点数量带来的影响取决于横向通道数量，如图4-12所示。当仓库只设置2或3个横向通道时，拣货点数量越多，A-TOP的优势越微弱；当仓库里有6～11个横向通道时，拣货点数量越多，A-TOP的优势越明显。横向通道越多的仓库中，拣选密度越高，就越需要拣选路线的优化，相较于S-Shape对多横向通道的利用不足，A-TOP刚好能满足这种需求；而在横向通道较少时，正如“3基于偏离度的单拣货员订单拣选路线规划”得出的结论，拣选密度高时所有算法的优化性能都不能得到体现，所以A-TOP的优势也就不是十分明显了。

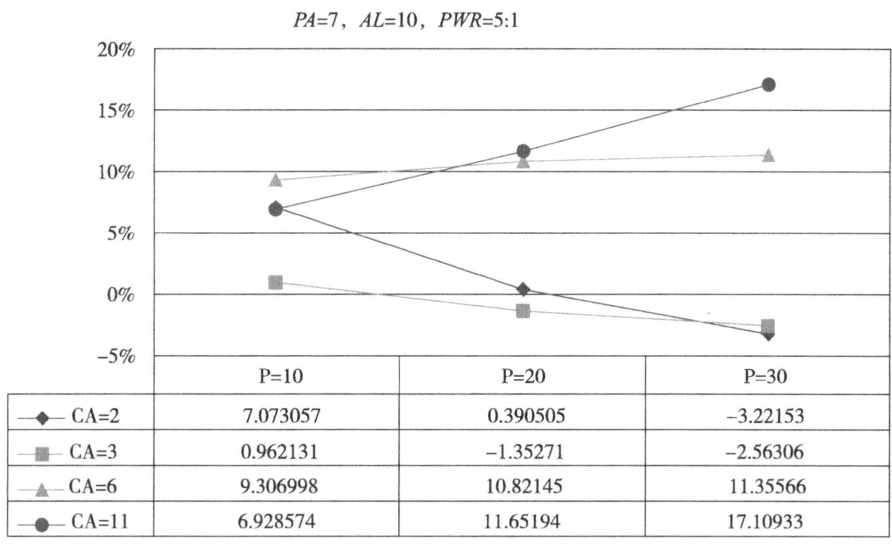

	P=10	P=20	P=30
CA=2	7.073057	0.390505	-3.22153
CA=3	0.962131	-1.35271	-2.56306
CA=6	9.306998	10.82145	11.35566
CA=11	6.928574	11.65194	17.10933

图4-12 A-TOP拣选服务时间优化率与拣货点数量关系

4.5.3 仓库布局对等待时间的影响

在192种情况下，A-TOP的等待时间比S-Shape$^+$和S-Shape的等待时间短，如图4-13所示。随着通道数量和通道长度的增加，相对对比算法而言，A-TOP的等待时间更短，这主要是因为拣选密度降低了A-TOP下发生堵塞的可能性。此外，A-TOP允许拣货员选择可行路线而不是原地等待。对于S-Shape$^+$和S-Shape，由于算法要求两个拣货员都从最远区块开始开始拣选，并且在拣选完当前区块中货物之前不能更换工作区块。每个区块中的子通道访问顺序则是从左至右或从右至左，且有拣选任务的子通道要完整穿过。这使得形成的路线比较规整，在两个拣货员不是同时出发的情况下，堵塞很难发生，这也是其在部分情况下优于A-TOP的主要原因。

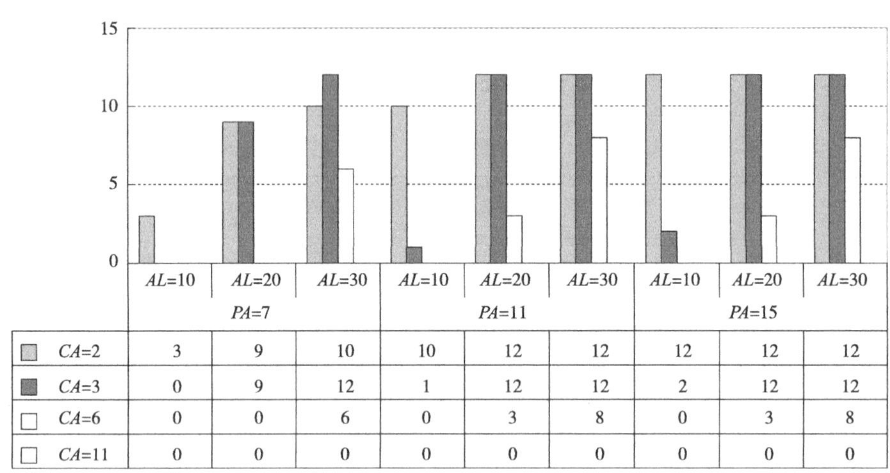

	PA=7			PA=11			PA=15		
	AL=10	AL=20	AL=30	AL=10	AL=20	AL=30	AL=10	AL=20	AL=30
CA=2	3	9	10	10	12	12	12	12	12
CA=3	0	9	12	1	12	12	2	12	12
CA=6	0	0	6	0	3	8	0	3	8
CA=11	0	0	0	0	0	0	0	0	0

图4-13 在不同仓库布局下A-TOP等待时间取得最优情况分布

综上所述，A-TOP虽然得出的路线不规则，容易导致堵塞，但由于A-TOP能够较好地处理堵塞，所以在等待时间方面不亚于S-Shape$^+$和S-Shape。

4.6 本章小结

本章研究了双拣货员在多区块摘果式拣选仓库中的订单拣选路线规划问题。文献[11，13]都指出，在多个拣货员同时工作在一个区域时，会发生堵塞，由于堵塞导致的等待时间对拣选效率毫无积极意义。因此，寻找能够在构建时考虑堵塞的订单拣选路线规划算法是一个非常重要且亟待解决的问题，本章通过借鉴“2订单分批与拣选路线规划研究理论基础”为单拣货员设计拣选路线的研究经验，采用算法构建与仿真实验相结合的方式，提出并验证了一个基于蚁群算法的订单拣选路线规划算法A-TOP，主要工作或贡献包括以下三方面。

（1）通过将拣货点转换成待访问城市，并确定拣货点之间的距离，使得这一问题由Steiner-TSP变成标准TSP，且能够被蚁群算法解决。拣货点间实际上存在多条行走路线，如何选择最合适的行走路线，不仅对得到最短拣选路线有决定意义，还会影响到后续的堵塞处理机制。本书采用曼哈顿距离，并对某些特殊情况作出规定，得出的空间距离为之后的问题求解做了准备。

（2）为了在第二拣货员路线构建时就考虑堵塞情况，本书引入了逻辑距离和禁忌表两个概念。通过将第一拣货员行走路线和对货位的访问时序记录下来，使得第二拣货员能够在构建路线时充分了解第一拣货员未来的工作状态。同时引入的逻辑距离则使得第二拣货员在选择下一个拣选目标时，将未来是否发生堵塞及如何避免堵塞也考虑在内，并且将这些应对所带来的时间耗费视为作业成本的一部分。因此，第二拣货员的拣选路线就是在考虑堵塞情况下找到的合适路线。

（3）设计了一个综合仿真实验。通过仓库布局和订单属性的多种取值以验证A-TOP的有效性和各种因素对堵塞的影响。实验说明，在尺寸越大的仓库中，A-TOP的表现越好，同时如果设置了合适数量的横向通道，A-TOP能够充分地发挥其处理堵塞的能力，使得在高拣选密度下取得比现有算法更好的表现。

现有的订单拣选路线规划中没有考虑多个拣货员同时工作带来的堵塞问题。然而，堵塞带来的拣选成本上升确实是需要解决的问题，已有的研究都是在货位分配和订单分批时考虑如何避免发生堵塞，当堵塞真正发生时，却只能要求拣货员在通道入口等待。因此，将堵塞考虑在内，对订单拣选路线规划算法设计具有重要意义。本章以蚁群算法为基础，针对双拣货员多区块仓库，提出了一个考虑堵塞的订单拣选路线规划算法，也分析了仓库布局、订单属性等对算法和堵塞发生频率的影响，相关结论对该类型仓库中的拣选系统设计有重要指导意义。本章的研究成果进一步为多个（≥3）拣货员同时工作的仓库中的订单拣选路线规划研究提供了基础。

5　考虑多拣货员堵塞的订单拣选路线规划

5.1　引言

在拣选作业过程中，不同于单拣货员的假设，多拣货员同时作业的情况普遍存在，这种情况下发生堵塞就在所难免，而堵塞导致的等待时间会降低订单拣选效率。为了应对堵塞，多数文献集中在分析堵塞的影响[11-13]或者从货位分配[140]、订单分批[141-142]方面减少堵塞发生，鲜有从订单拣选路线规划上着手解决堵塞问题的。在“4 考虑双拣货员堵塞的订单拣选路线规划”中，本书针对双拣货员的假设，给出了一个基于蚁群算法的考虑堵塞的路线算法A-TOP。A-TOP通过在蚁群构建拣货点访问序列时就将可能发生的堵塞考虑在内，为第二拣货员在出发拣选时就得到一条包括堵塞等待时间在内的订单拣选服务时间最短的路线。

然而，A-TOP还有两方面值得改进：一方面，拣选系统中存在多个拣货员同时工作，但往往不止两个，而且不同于A-TOP中只要求第二拣货员对堵塞作出应对的假设，每个拣货员都要在拣选过程中处理堵塞，而且在多拣货员环境下，堵塞发生的情况更多，如何判断堵塞发生及如何避让，这些问题比双拣货员环境要复杂；另一方面，以前对拣选效率的分析，或者拣选策略的评价的相关文献，都认为拣货员在每个拣货点的拣选时间相同或者忽略了这一时间[130, 184, 185]，即使是在分析堵塞的相关文献中也大多如此[140]。然而正如4考虑双拣货员堵塞的订单拣选路线规划的分析结果所示，拣选时间虽然不会为行走时间带来影响，但会由此产生堵塞时间，进而影响订单服务时间。所以，订单的货位拣选时间应该也在研究范围内。然而，不同于以往研究中拣选时间为定值的假设，在仓库中每个货位上存放的货物的尺寸、重量等规格并不相同，拣货员从货架上拣选一个货物的用时也不会完全一样。加上由于订单决定了在每个拣货点上需要拣选的货物数量，因此，在每个拣货点的拣选时间就是不恒定的[12]。再加上实际作业中拣货员的操作存在偏差，每个拣货点的拣选时间往往是不确定的[13]。文献[12-13]在其分析中得出了在不确定环境下，当拣选系统变得繁忙，如拣选密度增高时，堵塞应该受到关注的结论。所以，如何在路线规划时应对不确定环境下的堵塞，也是一个值得解决的问题。

针对上述两点不足，本章对A-TOP进行了改进，分别建立了针对多个拣货员在货位拣选时间确定环境下和不确定环境下的订单拣选路线规划算法A-MOP（ACO for multiple order pickers）和A-MOP-N（ACO for multiple order pickers in nondeterministic）；分析了当问题演变成多拣货员后与双拣货员的差异及在不确定信息环境下，算法设计的难点；通过仿真实验，一方面验证了两种新算法在各自环境下的有效性；另一方面通过分析各因素的影响，探寻了环境更加复杂所形成的堵塞对拣选的影响。本章的研究为指导这类拣选系统的设计提供了理论依据，并且比A-TOP更加适合应用在有信息技术辅助且作业信息环境不确定的仓库中。

5.2 多拣货员堵塞与不确定信息问题描述

5.2.1 多拣货员堵塞

本章涉及的仓库布局也是多区块窄通道摘果式仓库，如图2-8所示。

在这种仓库中，我们假设有多个拣货员工作，且采用按订单拣选的策略。订单到达后，拣货员就会相继出发。同样，多拣货员堵塞的基本类型可以分为如图4-1所示的三类，不同之处在于：一方面，多拣货员环境下的一次堵塞是多种基本堵塞种类的综合情况；另一方面，在双拣货员问题中，两个拣货员的优先级不同，当堵塞发生时，一定是第二拣货员避让，在实际作业中，由于是流水式作业，第一拣货员返回Depot后会再次出发，这时就会面临其他拣货员在仓库中工作的情况，因此第一拣货员也需要应对堵塞。所以，在多拣货员情况下，本章假设所有拣货员优先级相同，都需要应用堵塞应对机制。

为了明确描述拣货员的位置和路线信息，本书仍旧使用如下符号：

P_b——初始拣货点，拣货员某一段拣选路线的起点；

P_t——目标拣货点，拣货员某一段拣选路线的终点；

B_b——初始区块，含有初始拣货点的区块；

B_t——目标区块，含有目标拣货点的区块；

CA_c——拣货员当前所处的横向通道；

PA_c——拣货员当前所处的拣货通道；

S_t——包含目标拣货点的拣货通道；

S_b——初始子通道，含有初始拣货点的子通道；

S_t——目标子通道，含有目标拣货点的子通道。

之后，还有如下假设：

（1）订单中的任务相互独立；

（2）拣货员在每个拣货点拣选花费的时间都是确定的；

（3）所有拣货员行进速度恒定且相等；

（4）拣货通道和横向通道均无行走方向限制；

（5）所有拣货员执行的拣选任务在出发前即已确定，且拣选过程中不发生变动；

（6）所有订单随时间依次到达，且拣货员接收各自任务后依次出发；

（7）所有拣货员的优先级相同，在拣选过程中都要考虑堵塞。

5.2.2 不确定信息

由于本章观察的不确定信息来自于拣货点拣选时间的不确定，所以，将假设中的“拣货员在每个拣货点拣选花费的时间都是确定的”，演变成“拣货员在每个拣货点拣选花费的时间都是不确定的”。其他假设则保持不变。这一转变带来的最大变化是，即使后续出发的拣货员知道之前出发的拣货员的拣选计划路线，也无法具体得知这些拣货员将于何时到达何地，也就使得在应对确定信息下的禁忌表失去作用。拣货员不能在出发前得到一条考虑了未来可能发生堵塞的拣选路线，因为在构建路线时，拣货员得知的只是在算法进行时的当前所有信息，这时得出的路线最多只是在当前最优，而不是在全局时间下的最优。所以，在不确定信息环境下，处理堵塞的思路应有所转变。

5.2.3 考虑多拣货员堵塞的拣选路线评价模型

针对确定信息拣选和不确定信息拣选，我们的目标都是最小化每个拣货员的订单服务时间，同样，由于不考虑S&ST的影响，我们假设该时间对所有订单都是定值并忽略不计。此外，货位拣选时间虽然有确定与不确定之分，但这是由订单特性决定的，无法由路线算法产生影响。最后，本章对每个拣货员而言的拣选路线的优劣，无论是确定信息拣选还是不确定信息拣选，都可以由如下的0–1规划模型进行评价：

$$\min \sum_{i \neq j \in \Omega} x_{ij} \left(\frac{d_{ij}}{v} + Tw_{ij} \right) \tag{5.1}$$

s.t.

$$\sum_{i \in \Omega} x_{ij} = 1, \forall j \in \Omega \tag{5.2}$$

$$\sum_{j\in\Omega} x_{ij} = 1, \forall \mathrm{i} \in \Omega \tag{5.3}$$

$$u_i - u_j + \omega x_{ij} \leqslant \omega - 1, \forall \mathrm{i} \neq \mathrm{j} \in \Omega, \mathrm{i} \neq 0, \mathrm{j} \neq 0 \tag{5.4}$$

$$x_{ij} \in \{0,1\}, \forall \mathrm{i}, \mathrm{j} \in \Omega \tag{5.5}$$

式中，$ij\in\Omega$——拣货员要经过的拣货点及Depot，其中i=0表示Depot；

d_{ij}——拣货点i和j之间的距离；

u_i——拣货点i的拣选顺序，其中u_0=1；

w——拣货点和Depot数量总和；

v——拣货员的移动速度；

Tw_{ij}——从i移动到j产生的等待时间。

最后，模型的决策变量是x_{ij}=1，如果拣货员决定在完成i点的任务后前往j点（$ij\in\Omega$，$i\neq j$）。

目标函数式（5.1）是要求取得完成一个订单的行走时间和等待时间的最小值；约束式（5.2）和式（5.3）是确保每个任务点有且只有一个前项和后项任务；约束式（5.4）确保拣选路线中不出现子回路；最后，约束式（5.5）是定义决策变量的取值域。基于以上模型，本书提出了以ACO为基础的考虑多拣货员堵塞的订单拣选路线规划算法，以提高拣选效率。

值得说明的是，虽然目标函数相同，但Twij的获取存在差异，在确定信息情况下，根据已知的信息可以推算出在某时刻从i移动到j产生的等待时间，而在不确定信息情况下，这一结果是无法提前获知的。由于等待时间无法提前获知，所以该模型本身并不能用来求解最优路线，仅能在已知路线方案的前提下，根据相应方案执行中产生的等待时间和行走时间，对方案本身进行评价。

5.3 考虑多拣货员堵塞的订单拣选路线规划算法

5.3.1 确定信息下多拣货员订单拣选路线规划算法

从双拣货员扩展到多拣货员，其变化就是拣货员在判断是否发生堵塞时，在双拣货员环境下，第二拣货员只需要回避第一拣货员即可，而在多拣货员环境下，优先级相同且多个拣货员间的干涉更多。因此，在多拣货员环境下，判断能否进入一个通道进行拣选的条件是，要进入的通道中有不多于一个拣货员在工作并且该拣货员不影响当前拣货员进入通道完成拣选任务，如果条件不能满足，则视为会发生堵塞，算法就对拣选员的行动进行调整和控制，防止堵塞在拣货通道内发生。同时，A-MOP算法流程也有相应变动，禁忌表的更新不再仅仅对第一拣货员做要求，而是所有拣货员在确定路线后都要更新。

A-MOP算法下每个拣货员执行的算法步骤如下：

Step 1：信息素与距离初始化。

Step 2：初始化蚁群信息。

Step 3：运行次数计数。

Step 4：委派第一只蚂蚁出发。

Step 5：蚂蚁构建路线。

Step 5.1：获取未拣货点。

Step 5.2：通过禁忌表计算逻辑距离。

Step 5.3：根据转移概率选择目标。

Step 5.4：如果还有未访问拣货点，返回Step 5.1。

Step 6：如果得到的路线比暂存的路线Lr短，则记录下来。

Step 7：如果还有蚂蚁没有构建路线，选择下一只蚂蚁并返回Step 5。

Step 8：信息素局部与全局更新。

Step 9：如果还需灾变且未触发灾变，返回Step 2。

Step 10：如果触发灾变，重置部分路线信息素，并返回Step 3。

Step 11：算法终止，输出结果L_r，更新禁忌表。

5.3.2 不确定信息下多拣货员订单拣选路线规划算法

正如前文所述，由于不能在出发前就获知堵塞是否发生，所以唯一的办法是在拣选过程中应对堵塞。由此，本书针对该问题给出如图5-1所示的每个拣货员执行的A-MOP-N流程。

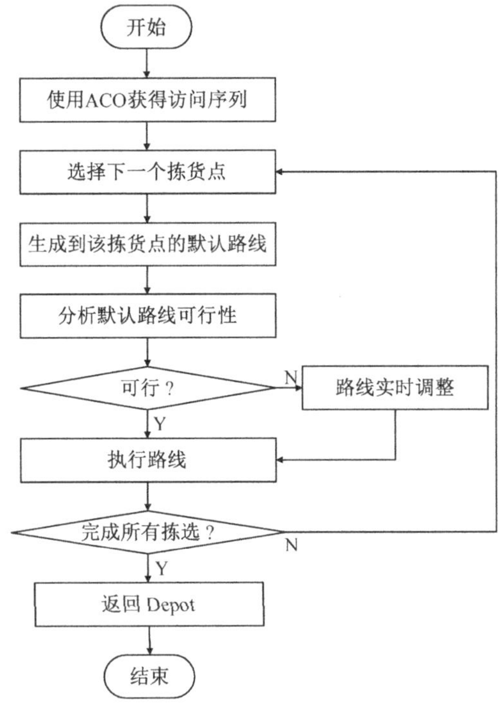

图5-1 A-MOP-N流程

即使是在拣选过程中处理堵塞，也需要在拣货员出发前就为其获得一个基本的访问顺序，所以A-MOP-N首先就要使用ACO为拣货员先获得一个仅考虑物理距离的拣选路线。这一过程与双拣货员中的ACO过程相同，因为ACO只提供了拣选顺序，不包括具体的行走路线，所以在获得访问序列后要为拣货员获得到达下一个拣货点的基本路线。

基本路线反映的是根据实际空间关系得出的拣货员的默认行走路线，因此，需要根据拣货点间的空间关系确定。空间关系和之前A-TOP中的一样分为如下三类，如图5-2所示：①同一子通道内；②同一区块但不同子通道；③不同区块。

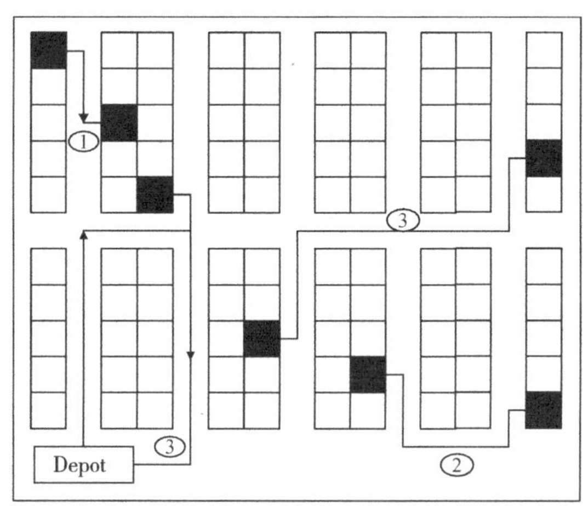

图5-2 拣货点空间关系分类

根据不同分类，基本路线通过如下步骤确定。

1）同一子通道内。

Step 1：直接前往P_t。

2）同一区块但不同子通道。

前文讲到，这种情况下存在两条路线，这里仍然选择较短的一条。

Step 1：从选定方向离开S_t。

Step 2：沿CA_c到达S_b的入口。

Step 3：进入S_t，并到达P_t。

3）不同区块。

Step 1：从靠近B_t的通道口离开S_b。

Step 2：沿PA_c行走直到到达B_t的CA_f或CA_b。

Step 3：沿 CA_c 到达 S_b 的入口。

Step 4：进入 S_t，并到达 P_t。

当拣货员执行不考虑堵塞的基本路线时，堵塞情况仍然可能会发生。所以，这时就需要实时调整拣选动作，通过定位技术，如GPS和信息共享，拣货员可以获取其他拣货员的位置和作业信息，通过分析当前的环境信息就可以实时调整行动方式，以避免在通道内发生堵塞。当拣货员要进入一个通道时，会先获知该通道中是否已有其他拣货员存在，如果没有，则可以直接进入；如果已经有拣货员在工作，不同于独占式访问控制，通过分析经由信息共享获知的这些通道中的拣货员的作业信息，以得知其之后的动向，如果这些拣货员的动向不会对当前拣货员产生干扰，当前拣货员仍然会进入通道。如下列这些情况，就是说明通道中的拣货员不会对当前拣货员产生干扰：

情况1：通道中拣货员正在从另一个通道口离开，如图5-3（a）所示；

情况2：在通道中的拣货员正在拣选其位于该通道中的最后一个拣货点，且该拣货员的下一个目标要求他从另一个通道口离开，如图5-3（b）所示；

情况3：通道中的拣货员正在向其在该通道中的最后一个拣货点移动，而该拣货点比当前拣货员的待拣选拣货点更靠近另一个入口。同时，通道中拣货员将从另一个入口离开，如图5-3（c）所示。

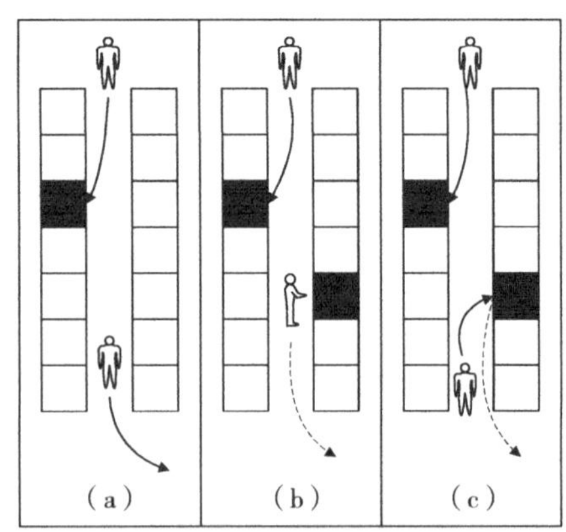

图5-3　有拣货员工作但通道仍可通行的情况

在以上三种情况下，通道中的拣货员不会干扰当前拣货员的作业；在其他情况下，当前拣货员则不得不在通道口等待。如果有多个拣货员同时在通道等待，则根据他们的出发时间排序，最早出发的拣货员可以最先获得通道的访问权利，其他拣货员则继续在通道口等待。如果当前拣货员只是想穿过该通道，则可以选择从位于PA_c和PA_t之间的其他通道，绕开会发生堵塞的通道，如图5-4所示。在极端情况下，所有的通道都可能发生堵塞，则该拣货员就不得不在原地等待了。

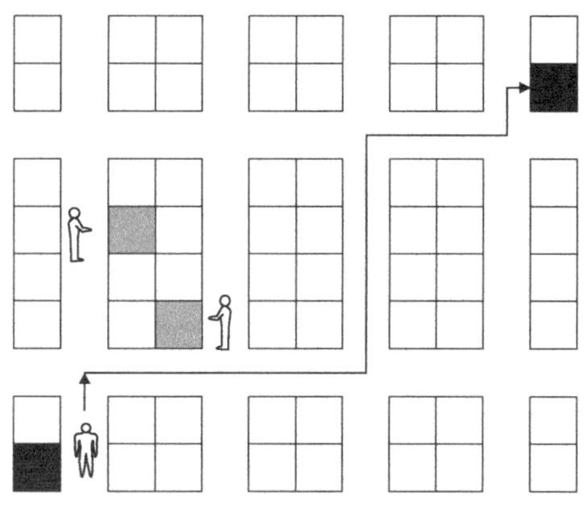

图5-4 拣货员绕路避免堵塞

5.4 A-MOP与A-MOP-N算法的仿真实验

5.4.1 实验设计

这次的实验同样分成两部分，第一部分是验证将A-TOP改造成A-MOP（M）后的表现；第二部分是验证A-MOP-N（MN）的有效性。为了评估新算法，在第一步A-MOP实验中，采用两种对比算法，一种是S-Shape（S），另一种是简单的ACO（A），两种算法均不考虑堵塞，只为一个拣货员生成其路线，并在多个拣货员工作的过程中，采用独占式访问。在第二步A-MOP-N实验中，也采用不考虑堵塞的S-Shape和ACO，分别

简称为 SN 与 AN。表5-1和表5-2分别展示的是两步实验中涉及的实验参数与算法参数取值，部分取值与4考虑双拣货员堵塞的订单拣选路线规划相同，并参考文献[116]。两步实验中仓库的存储策略都为随机存储，拣货点根据独立平均分布，随机从库区中选取。

表5-1　A-MOP实验参数与算法参数取值

参数	取值
拣选通道数量(PA)	7,15
拣选通道长度(AL)	10,30
横向通道数量(CA)	2,3,6
拣货点数量(P)	10,30
拣选:行走时间比(PWR)	5:1,20:1
拣货员数量(OP)	2,3,4,5
α	1
β	5
ρ	0.15
蚁群规模	30

表5-2　A-MOP-N实验参数与算数参数取值

参数	取值
拣选通道数量(PA)	7,15
拣选通道长度(AL)	10,30
横向通道数量(CA)	2,3,6,11
拣货点数量(P)	10,30
拣选:行走时间比期望(PWR)	5:1,20:1
拣货员数量(OP)	2,10
α	1

续表

参数	取值
β	5
ρ	0.15
蚁群规模	30

每次拣选作业从第一个拣货员出发拣选开始计时，直到所有拣货员返回 Depot 为止，这一完整过程被称为一个 Task 任务。在两步实验中，评价标准都是单个订单的平均拣选服务时间、单个拣货员单次作业平均堵塞频率和单次作业堵塞等待时间。每两相邻出发拣货员之间的时间间隔定为 20s，经过一个拣货点的用时为 1s，其他移动过程假设用时 0s。

5.4.2 A-MOP 实验结果

在 A-MOP 实验中，所有实验参数构成总计 192 种情况，每种情况各进行 100 次 Task，仿真程序在 .net 平台上用 C#实现，仿真结果如表 5-3 所示。总体来看，A-MOP 在 181 种情况中表现最优，其中有 5 种情况与一般 ACO 同时达到最优，在 11 种情况中表现为次优，加粗字体数据是指在该情况下的最小值，下画线标出的数字则是在 95% 的置信区间没通过检验。在两种对比算法中，一般 ACO 是在 173 种情况下表现次优；S-Shape 只是在 12 种情况下取得最优。为了便于对比，由式（5.6）和式（5.7）得出的百分比差异从表 5-4 可见。

$$A/S - \left(T_e(A) - T_e(S)\right) \Big/ T_e(S) \times 100 \tag{5.6}$$

$$M/S = -\left(T_e(M) - T_e(S)\right) \Big/ T_e(S) \times 100 \tag{5.7}$$

其中，Te（A）、Te（S）和 Te（M）分别表示 ACO、S-Shape 和 A-MOP 的订单平均拣选服务时间；A/S 和 M/S 则表示 ACO 与 A-MOP 和 S-Shape 相比的百分比差异。

A-MOP表现不是最优时，这一差异最多只比对比算法差5%，而在A-MOP表现最优时，这一优势最大能扩大到39%。可以看出，A-MOP在能够发挥其优势的情况下还是有较大的优化空间的。在优化空间不大时，其表现与A-MOP大致相同。从结果上还可以看出，即使是一般ACO，也和S-Shape之间有较大的差异，不过波动相对较大，两者的百分比差异在-6%～28%之间波动。

除此之外，在作业过程中，A-MOP在所有情况下堵塞次数最少和绝大多数情况（190/192）下堵塞等待时间最短，如表5-5和表5-6所示，加粗字体数据是指在该情况下的最小值，下画线标出的数字则是指在95%的置信区间上没通过检验。这说明，A-MOP能够比另两种算法表现占优的原因取决于两方面：一方面，由一般ACO和S-Shape的对比可以看出，以ACO为基础得出的路线本身就能比S-Shape得出的路线短；另一方面，A-MOP与一般ACO的比较可以看出，在构建路线过程中加入的实时调整使得拣货员能够在使用A-MOP时取得比单纯的ACO更短的路线。

表5-3 确定信息下单个订单平均拣选服务时间（单位：s）

				OP=2						OP=3						OP=4						OP=5					
				PWR=5:1			PWR=20:1			PWR=5:1			PWR=20:1			PWR=5:1			PWR=20:1			PWR=5:1			PWR=20:1		
PA	AL	CA	P	S	A	M	S	A	M	S	A	M	S	A	M	S	A	M	S	A	M	S	A	M	S	A	M
7	10	2	10	143	133	130	311	293	284	146	137	133	333	323	292	148	140	135	357	334	307	149	143	135	372	351	313
			30	248	263	263	749	764	724	258	275	276	804	841	762	264	287	284	865	897	792	275	300	292	907	950	837
		3	10	125	122	120	287	281	276	127	125	122	300	291	284	126	123	122	309	300	284	126	125	121	316	307	290
			30	243	255	251	729	744	718	245	261	253	767	778	738	249	267	259	797	825	763	253	273	265	827	858	784
		6	10	130	122	118	285	276	273	130	122	117	293	278	274	130	122	117	295	286	279	131	122	117	298	287	281
			30	290	254	247	760	732	726	290	252	246	783	739	731	292	257	247	808	749	743	295	259	249	819	763	752
	30	2	10	277	235	230	439	386	383	283	234	229	469	407	390	299	246	236	508	432	399	303	251	236	529	461	409
			30	411	418	437	909	900	898	434	446	450	978	991	931	456	468	465	1053	1075	968	479	486	479	1116	1158	1024
		3	10	207	190	187	372	348	343	213	189	189	390	364	350	215	196	189	399	360	352	219	196	191	415	378	356
			30	381	377	375	870	850	847	391	388	386	923	897	865	404	396	393	964	926	887	409	403	399	1011	981	898
		6	10	178	168	162	337	323	317	182	172	164	339	328	318	179	169	163	350	333	321	179	169	163	350	337	322
			30	374	336	329	856	801	798	380	341	334	885	811	804	380	343	332	901	834	813	388	345	334	931	845	817
15	10	2	10	209	185	184	369	341	335	207	187	182	385	357	341	210	187	183	396	363	344	214	191	185	409	375	348
			30	365	357	355	847	836	810	371	360	358	892	874	825	376	371	361	930	904	848	384	377	363	967	953	869
		3	10	176	171	169	333	324	320	178	172	169	336	330	323	179	174	171	344	335	326	179	172	169	347	342	329
			30	331	323	322	816	796	787	336	329	328	845	820	798	340	330	328	862	841	809	342	335	330	886	870	819
		6	10	199	169	164	352	324	317	203	171	164	354	324	319	203	173	165	357	327	318	202	172	163	363	332	323
			30	416	317	307	880	779	777	418	322	308	892	786	783	424	323	308	904	796	790	425	323	310	919	808	793

续表

				OP=2						*OP*=3						*OP*=4						*OP*=5					
				PWR=5:1			*PWR*=20:1			*PWR*=5:1			*PWR*=20:1			*PWR*=5:1			*PWR*=20:1			*PWR*=5:1			*PWR*=20:1		
PA	*AL*	*CA*	*P*	*S*	*A*	*M*	*S*	*A*	*M*	*S*	*A*	*M*	*S*	*A*	*M*	*S*	*A*	*M*	*S*	*A*	*M*	*S*	*A*	*M*	*S*	*A*	*M*
	30	2	10	371	298	297	536	448	448	376	293	292	547	455	448	392	302	298	570	471	453	405	310	299	596	485	461
			30	639	596	592	1130	1060	1056	666	599	597	1188	1098	1072	680	616	612	1241	1139	1090	705	630	622	1289	1183	1110
		3	10	269	246	245	429	400	397	270	246	245	434	400	397	278	251	249	447	414	402	279	250	247	449	415	405
			30	533	501	495	1027	968	961	547	507	498	1058	970	969	566	513	511	1078	986	982	568	518	511	1112	1022	991
		6	10	252	222	214	399	376	366	252	221	214	408	378	370	252	226	216	412	382	370	254	225	216	412	381	370
			30	522	423	409	985	881	876	527	428	413	1007	892	883	529	427	415	1016	899	885	536	431	416	1030	907	891

表 5-4　确定信息下单个订单平均拣选服务时间百分比差异（单位：%）

				OP=2				*OP*=3				*OP*=4				*OP*=5			
				PWR=5:1		*PWR*=20:1		*PWR*=5:1		*PWR*=20:1		*PWR*=5:1		*PWR*=20:1		*PWR*=5:1		*PWR*=20:1	
PA	*AL*	*CA*	*P*	*A/S*	*M/S*	*A/S*	*M/S*	*A/S*	*M/S*	*A/S*	*M/S*	*A/S*	*M/S*	*A/S*	*M/S*	*A/S*	*M/S*	*A/S*	*M/S*
7	10	2	10	6.99	9.09	5.79	8.68	6.16	8.9	3	12.31	5.41	8.78	6.44	14.01	4.03	9.4	14.09	39.6
			30	−6.05	−6.05	−2	3.34	−6.59	−6.98	−4.6	5.22	−8.71	−7.58	−3.7	8.44	−9.09	−6.18	−15.64	25.45
		3	10	2.4	4	2.09	3.83	1.57	3.94	3	5.33	2.38	3.17	2.91	8.09	0.79	3.97	7.14	20.63
			30	−4.94	−3.29	−2.06	1.51	−6.53	−3.27	−1.43	3.78	−7.23	−4.02	−3.51	4.27	−7.91	−4.74	−12.25	17
		6	10	6.15	9.23	3.16	4.21	6.15	10	5.12	6.48	6.15	10	3.05	5.42	6.87	10.69	8.4	12.98
			30	12.41	14.83	5.39	4.47	13.1	15.17	5.62	6.64	11.99	15.41	7.3	8.04	12.2	15.59	18.98	22.71
	30	2	10	18.77	16.97	12.07	12.76	17.31	19.08	13.22	16.84	17.73	21.07	14.96	21.46	17.16	22.11	22.44	39.6

续表

				OP=2				OP=3				OP=4				OP=5			
				PWR=5:1		PWR=20:1		PWR=5:1		PWR=20:1		PWR=5:1		PWR=20:1		PWR=5:1		PWR=20:1	
PA	AL	CA	P	A/S	M/S	A/S	M/S	A/S	M/S	A/S	M/S	A/S	M/S	A/S	M/S	A/S	M/S	A/S	M/S
			30	−1.7	−6.33	1.54	1.21	−2.76	−3.69	−1.33	4.81	−2.63	−1.97	−2.09	8.07	−1.46	0	−8.77	19.21
		3	10	10.14	9.66	6.45	7.8	11.74	11.27	6.67	10.26	8.84	12.09	9.77	11.78	10.5	12.79	16.89	26.94
			30	2.62	1.57	2.76	2.64	2.81	1.28	2.82	6.28	1.98	2.72	3.94	7.99	1.47	2.44	7.33	27.63
		6	10	5.62	8.99	4.15	5.93	5.49	9.89	3.24	6.19	5.59	8.94	4.86	8.29	5.59	8.94	7.26	15.64
			30	10.16	12.03	6.43	6.78	10.26	12.11	8.36	9.15	9.74	12.63	7.44	9.77	11.08	13.92	22.16	29.38
15	10	2	10	11.48	11.96	7.59	9.21	9.66	12.08	7.27	11.43	10.95	12.86	8.33	13.13	10.75	13.55	15.89	28.5
			30	3.84	2.74	1.3	4.37	4.04	3.5	2.02	7.51	1.33	3.99	2.8	8.82	1.82	5.47	3.65	25.52
		3	10	2.84	3.98	2.7	3.9	3.37	5.06	1.79	3.87	2.79	4.47	2.62	5.23	3.91	5.59	2.79	10.06
			30	2.72	2.72	2.45	3.55	2.08	2.38	2.96	5.56	2.94	3.53	2.44	6.15	2.05	3.51	4.68	19.59
		6	10	15.08	17.59	7.95	9.94	15.76	19.21	8.47	9.89	14.78	18.72	8.4	10.92	14.85	19.31	15.35	19.8
			30	23.8	26.2	11.48	11.7	22.97	26.32	11.88	12.22	23.82	27.36	11.95	12.61	24	27.06	26.12	29.65
	30	2	10	21.83	19.95	16.6	16.42	22.07	22.34	16.82	18.1	22.96	23.98	17.37	20.53	23.46	26.17	27.41	33.33
			30	11.42	7.36	7.7	6.55	10.66	10.36	7.58	9.76	10.15	10	8.22	12.17	10.64	11.77	15.04	25.39
		3	10	9.67	8.92	6.76	7.46	8.89	9.26	7.83	8.53	9.71	10.43	7.38	10.07	10.39	11.47	12.19	15.77
			30	9.57	7.13	7.59	6.43	10.97	8.96	8.32	8.41	11.13	9.72	8.53	8.91	10.56	10.04	15.85	21.3
		6	10	11.9	15.08	5.76	8.27	12.3	15.08	7.35	9.31	10.32	14.29	7.28	10.19	11.42	14.96	12.2	16.54
			30	18.97	21.65	10.56	11.07	18.79	21.63	11.42	12.31	19.28	21.55	11.52	12.89	19.59	22.39	22.95	25.93

表5-5 确定信息下单个拣货员单次作业平均堵塞次数

				OP=2						OP=3						OP=4						OP=5					
				PWR=5:1			PWR=20:1			PWR=5:1			PWR=20:1			PWR=5:1			PWR=20:1			PWR=5:1			PWR=20:1		
PA	AL	CA	P	S	A	M	S	A	M	S	A	M	S	A	M	S	A	M	S	A	M	S	A	M	S	A	M
7	10	2	10	0.62	0.65	0.23	1.05	0.69	0.21	0.99	1.01	0.45	1.51	1.43	0.62	1.16	1.37	0.54	2.02	1.79	0.96	1.38	1.51	0.65	2.37	2.09	1.18
			30	1.17	1.25	0.63	1.31	1.34	0.41	2.13	2.01	1.62	2.05	2.17	1.31	2.39	2.53	2.21	2.45	2.75	1.88	2.93	3.06	2.41	2.86	3.11	2.78
		3	10	0.44	0.45	0.11	0.88	0.73	0.31	0.45	0.60	0.28	1.55	1.17	0.56	0.64	0.74	0.40	1.86	1.49	0.71	0.83	0.93	0.42	2.28	2.02	1.01
			30	1.09	1.31	0.86	1.86	1.85	0.61	1.55	1.91	1.18	2.82	2.57	1.37	2.11	2.35	1.89	3.44	3.63	2.33	2.43	2.87	2.38	4.04	4.28	3.04
		6	10	0.22	0.26	0.10	0.82	0.76	0.24	0.33	0.39	0.14	1.15	0.75	0.41	0.38	0.52	0.19	1.31	1.37	0.61	0.45	0.73	0.23	1.68	1.49	0.72
			30	0.87	0.72	0.37	2.11	1.48	0.71	1.83	1.16	0.93	3.51	2.59	1.22	2.08	1.83	0.95	4.77	3.27	1.68	2.43	2.11	1.36	5.43	3.86	2.34
	30	2	10	1.28	0.65	0.25	1.14	0.73	0.24	1.57	1.27	0.34	1.67	1.33	0.60	2.09	1.61	0.60	2.19	1.75	0.80	2.27	1.91	0.70	2.33	2.24	1.01
			30	1.46	1.35	0.50	1.38	1.06	0.48	2.36	2.15	1.05	2.07	2.18	1.21	2.79	2.79	1.50	2.42	2.89	1.65	3.05	3.07	1.91	2.88	3.37	2.47
		3	10	0.58	0.55	0.14	0.94	0.65	0.23	1.19	0.83	0.29	1.58	1.22	0.58	1.47	1.20	0.35	2.02	1.47	0.78	1.68	1.45	0.52	2.32	1.82	0.91
			30	1.90	1.17	0.33	1.78	1.04	0.46	2.61	1.85	0.92	2.95	2.20	1.01	3.57	2.71	1.48	3.50	2.90	1.93	4.02	3.10	1.62	4.22	3.84	2.18
		6	10	0.40	0.29	0.12	0.76	0.53	0.17	0.43	0.51	0.10	1.10	0.78	0.37	0.60	0.59	0.15	1.46	1.11	0.38	0.65	0.68	0.19	1.62	1.41	0.54
			30	1.21	0.76	0.41	2.05	0.89	0.45	1.95	1.09	0.69	3.55	1.74	0.89	2.65	1.87	0.83	4.13	2.64	1.30	3.24	2.06	0.97	5.27	2.96	1.60
15	10	2	10	0.50	0.49	0.09	0.89	0.74	0.23	0.80	0.87	0.27	1.34	1.19	0.44	1.00	0.84	0.28	1.85	1.47	0.61	1.20	1.01	0.33	2.28	1.92	0.74
			30	1.39	1.23	0.64	1.63	1.43	0.48	2.19	1.93	1.12	2.87	2.64	1.01	2.73	2.85	1.31	3.63	3.23	1.82	3.58	3.26	1.67	4.15	3.83	2.35
		3	10	0.18	0.24	0.09	0.67	0.53	0.14	0.32	0.45	0.14	0.87	0.77	0.31	0.41	0.54	0.25	1.31	1.14	0.54	0.52	0.65	0.20	1.40	1.30	0.61
			30	0.97	0.95	0.45	2.16	1.40	0.49	1.76	1.49	0.90	3.45	2.61	1.21	2.38	1.90	1.23	4.19	3.26	1.58	2.49	2.41	1.42	4.87	4.22	2.20
		6	10	0.07	0.13	0.04	0.27	0.28	0.10	0.20	0.24	0.03	0.54	0.59	0.30	0.24	0.35	0.11	0.65	0.75	0.25	0.30	0.40	0.13	0.75	0.97	0.46
			30	0.80	0.56	0.27	1.45	0.82	0.38	1.00	0.98	0.54	2.33	1.67	0.90	1.55	1.27	0.56	3.28	2.27	1.23	1.79	1.39	0.78	3.92	3.12	1.50

续表

PA	AL	CA	P	OP=2						OP=3						OP=4						OP=5					
				PWR=5:1			PWR=20:1			PWR=5:1			PWR=20:1			PWR=5:1			PWR=20:1			PWR=5:1			PWR=20:1		
				S	A	M	S	A	M	S	A	M	S	A	M	S	A	M	S	A	M	S	A	M	S	A	M
	30	2	10	0.96	0.43	0.14	0.77	0.54	0.19	1.31	0.81	0.23	1.50	0.91	0.37	1.78	1.21	0.43	1.91	1.39	0.48	2.11	1.48	0.46	2.34	1.72	0.66
			30	1.66	1.01	0.37	1.67	1.12	0.42	2.97	2.16	0.54	3.08	2.31	0.97	3.47	2.87	1.19	3.77	3.13	1.38	4.21	3.50	1.65	4.29	3.76	1.82
		3	10	0.36	0.25	0.09	0.56	0.49	0.13	0.53	0.49	0.18	0.94	0.73	0.24	1.02	0.88	0.26	1.41	1.10	0.41	0.94	0.79	0.26	1.46	1.27	0.54
			30	1.76	0.94	0.40	2.05	0.85	0.49	2.71	1.50	0.60	3.25	2.05	0.93	3.74	2.25	0.95	3.87	2.58	1.51	4.24	3.00	1.34	4.83	3.54	1.83
		6	10	0.11	0.23	0.07	0.23	0.21	0.04	0.16	0.35	0.09	0.52	0.51	0.19	0.22	0.38	0.10	0.86	0.75	0.18	0.38	0.45	0.12	0.87	0.75	0.33
			30	0.80	0.45	0.11	1.27	0.71	0.28	1.39	0.69	0.33	2.45	1.26	0.48	1.86	1.04	0.57	3.04	1.64	0.79	2.12	1.53	0.65	3.70	2.20	1.09

表5-6 确定信息下单个拣货员单次作业堵塞平均等待时间（单位：s）

PA	AL	CA	P	OP=2						OP=3						OP=4						OP=5					
				PWR=5:1			PWR=20:1			PWR=5:1			PWR=20:1			PWR=5:1			PWR=20:1			PWR=5:1			PWR=20:1		
				S	A	M	S	A	M	S	A	M	S	A	M	S	A	M	S	A	M	S	A	M	S	A	M
7	10	2	10	4.24	5.14	1.18	23.39	15.7	3.7	7.34	9.15	2.82	44.96	44.9	11.26	8.64	12.97	3.97	66.76	55.58	23.79	9.8	14.89	4.81	83.32	73.54	28.98
			30	8.48	16.34	7.54	59.56	66.21	12.61	19.77	29.03	16.39	115.87	143.83	47.99	25.43	41.26	24.02	176.1	200.62	74.21	36.66	54.9	30.36	218.87	252.95	115.44
		3	10	2.07	1.86	0.57	13.67	12.17	4.21	2.43	3.25	1.27	26.41	21.41	9.79	3.63	4.31	2.05	34.75	29.06	10.49	4.77	6.58	2.02	42.18	36.61	15.41
			30	5.15	9.34	5.13	41.58	49.42	12.7	7.99	15.95	7.86	78.17	82.37	27.77	11.91	21.9	12.46	109.56	130.99	54.3	14.71	28.01	16.59	140.88	164.08	71.94
		6	10	1.1	0.99	0.4	7.2	7.11	3.9	1.11	1.56	0.49	13.16	8.63	5.21	2.11	2.1	0.78	15.29	15.83	7.6	2.27	2.79	0.88	18.93	17.15	9.68
			30	3.68	3.05	1.78	27.42	19.96	10.52	7.79	4.9	3.83	51.53	39.77	18.73	9.72	7.73	4.12	75.38	50.21	27.81	12.09	9.47	5.15	86.51	63.47	37.15
	30	2	10	20	10.47	3.73	38.74	23.31	5.53	30.64	23.12	4.82	69.57	47.82	15.84	47.06	34.55	8.59	104.77	69.89	19.93	54.06	40.71	9.35	127.86	100.89	30.83

续表

			30	23.03	34.04	8.37	72.13	61.51	18.43	47.65	63.38	18.77	141.34	158.93	46.89	69.19	87.03	30.96	215.49	242.69	76.42	91.8	101.89	41.38	277.73	326.08	121.49
		3	10	6.45	4.77	0.86	21.11	15.03	4.45	12.06	6.85	2.09	38.67	32.61	11.33	15.44	12.78	3.2	47.24	29.46	13.1	18.38	14.58	4.26	64.42	45.31	16.08
			30	16.51	13.45	3.05	49.74	34.93	11.05	24.23	22.19	8.89	105.17	86.35	27.54	34.95	35.65	14.21	146.6	114.11	47.44	42.6	44.39	18.11	194.88	170.96	55.78
		6	10	2.23	1.44	0.49	9.7	6.5	1.63	2.71	2.54	0.4	13.63	10.51	3.52	3.69	3.23	0.65	21.99	14.5	4.36	4	3.26	0.85	23.7	19.07	5.3
			30	7.24	4.08	2.31	35.71	16.06	7.02	10.89	7.41	4.24	69.48	29.02	14.13	18.11	12.39	4.7	85.55	51.44	23.26	21.96	13.34	5.63	117.37	63.77	25.69
15	10	2	10	4.23	3.23	0.63	14.87	11.55	2.53	6.3	7.5	1.7	30.59	24.15	6.03	8.38	6.97	1.49	42.27	31.82	9.46	10.14	9.42	1.94	54.74	42.56	12.36
			30	10.1	12.12	4.91	45.43	48.48	9.09	15.85	20.01	8.17	88.37	86.67	21.98	21.75	32.47	10.33	125.56	116.7	41.76	29.48	38.88	12.45	163.26	165.71	61.13
		3	10	0.98	1.55	0.43	8.1	6.02	1.63	2.01	2.76	0.61	10.12	10.41	3.89	2.9	3.86	1.22	18.31	15.81	6.57	4.34	3.95	0.78	20.93	21.14	8.48
			30	5	5.83	2.07	37.71	25.99	9.3	9.16	9.79	5.45	67.89	51.28	20.81	13.35	12.03	6.44	83.82	71.13	30.04	14.24	16.36	7.71	107.57	99.99	39.39
		6	10	0.48	0.36	0.19	2.47	2.31	1.09	1.81	1.21	0.1	7.01	5.63	3.89	1.64	1.59	0.31	6.43	7.37	2.75	3.46	2.34	0.44	8.2	9.72	5.85
			30	3.9	2.02	1.01	16.19	10.34	5.85	6.07	3.91	2.27	29.41	19.65	13.89	9.49	5.15	2.08	41.87	27.93	17.17	12.3	5.82	3.15	53.19	40.4	20.78
	30	2	10	14.52	7.29	1.81	23.73	15.02	3.01	23.01	13.39	2.87	45.63	25.66	6.92	36.34	19.62	4.8	69.61	41.23	11.28	47.34	27.55	5.52	88.91	50	13.63
			30	23.97	19.02	4.8	59.33	44.64	12.26	45.12	44.43	6.66	117.95	95.92	25.9	62.83	58.95	16.66	173.49	139.85	37.77	87.24	79.2	23.1	219.91	183.36	59.9
		3	10	3.37	2.08	1.19	11.81	7.99	1.85	5.39	4.68	1.26	19.09	11.75	3.21	10.81	8.5	1.72	30.83	21.75	6.54	10.44	8.94	1.96	32.31	23.59	7.73
			30	16.23	9.56	3.73	48.62	19.21	8.74	28.48	15.6	5.66	83.33	47.93	17.05	40.66	24.79	8.3	108.05	64.07	31.68	46.47	34.81	12.03	141.14	98.88	39.07
		6	10	1.04	1.93	0.35	2.23	2.13	0.41	1.09	2.13	0.34	5.64	4.89	2.69	1.56	2.07	0.42	11.26	8.84	1.95	2.42	2.83	0.64	11.14	10.32	3.84
			30	4.91	2.42	0.59	18.61	8.96	4.42	8.79	4.6	1.43	35.87	17.09	6.9	13.86	6.14	3.11	48.92	25.92	10.51	16.95	8.76	3.36	60.22	32.58	16.12

5.4.3 A-MOP-N实验结果

在A-MOP-N实验中，所有参数构成了128种情况，在每种情况下也各自运行了50次Task。生成一个Task的方法是，首先确定拣货点数量和拣货员数量，然后为每个拣货员的订单选择拣货点，由于假设仓库使用随机存储策略，所以也是根据独立平均分布，随机从库区中选取拣货点。每个拣货点的拣选时间则是根据正态分布产生，其中$\mu = PWR, \sigma = 1$。最后，这些订单就被分配给相应的拣货员执行。从总体结果上看，A-MOP-N在124种情况下取得最短订单拣选服务时间，同时在剩下的4种情况下是次优，如表5-7所示，加粗字体数据是指在该情况下的最小值，下画线标出的数字则是在95%的置信区间没通过检验。在两种对比算法中，一般ACO在112种情况下表现次优，S-Shape也只是在4种情况下取得最优。同样，为了便于对比，由公式（5.8）和式（5.9）得出的百分比差异则从表5-8可见。A-MOP-N显示出了明显的优化表现，最大优势可以扩大到34%，在表现不好的情况中，这一劣势不到7%。

$$AN/SN=-\left(T_e(AN)-T_e(SN)\right)/T_e(SN)\times 100 \tag{5.8}$$

$$MN/SN=-\left(T_e(MN)-T_e(SN)\right)/T_e(SN)\times 100 \tag{5.9}$$

其中T_e（AN）、T_e（SN）和T_e（MN）分别表示不确定信息下ACO、S-Shape和A-MOPN的订单拣选服务时间；AN/SN和MN/SN则表示ACO与A-MOP-N和S-Shape相比的百分比差异。

表5-9和表5-10所示为每个拣货员在拣选订单时发生堵塞的次数和每次堵塞的平均等待时间，加粗字体数据是指在该情况下的最小值，下画线标出的数字则是在95%的置信区间没通过检验。在83种情况下，A-MOP-N的堵塞次数最低，并在97种情况下等待时间最短。可以看出，虽然A-MOP-N不是在构建路线时就考虑堵塞，而是实时调整，但同样使得服务时间有明显的改善。所以，即使在不确定信息环境下使用启发式策略，在拣选过程中，实时调整路线也是十分必要的。

表 5-7 不确定信息下单个订单平均拣选服务时间（单位：s）

			OP=2												OP=10											
			P=10						P=30						P=10						P=30					
			PWR=5:1			PWR=20:1			PWR=5:1			PWR=20:1			PWR=5:1			PWR=20:1			PWR=5:1			PWR=20:1		
PA	*AL*	*CA*	*SN*	*AN*	*MN*	*SN*	*AN*	*MN*	*SN*	*AN*	*MN*	*SN*	*AN*	*MN*	*SN*	*AN*	*MN*	*SN*	*AN*	*MN*	*SN*	*AN*	*MN*	*SN*	*AN*	*MN*
7	10	2	145	134	130	316	299	293	249	260	246	747	756	744	159	154	146	456	441	425	310	355	330	1150	1240	1215
		3	127	122	119	288	280	278	245	255	240	729	731	716	131	131	121	348	342	328	259	293	269	968	1010	966
		6	129	121	115	285	274	270	288	253	240	762	720	705	135	126	118	310	301	293	298	266	249	888	829	804
		11	141	132	127	294	284	279	316	268	257	785	723	714	142	133	127	307	299	292	326	275	263	856	777	765
	30	2	267	217	215	440	383	380	412	413	388	915	917	898	362	300	286	671	597	561	588	632	586	1436	1524	1471
		3	208	186	179	374	347	336	378	379	357	869	854	830	231	207	192	470	426	390	447	455	419	1193	1152	1091
		6	181	170	158	337	321	309	373	336	319	851	801	780	184	176	161	371	354	332	396	359	334	1019	917	874
		11	180	177	163	332	326	311	370	334	316	838	794	777	181	178	163	350	344	328	378	343	322	930	848	822
15	10	2	210	186	183	372	345	340	363	348	339	854	839	819	231	207	191	443	406	399	400	404	386	1125	1120	1104
		3	177	171	167	334	328	321	333	324	312	811	798	783	186	185	170	360	353	343	349	345	328	966	953	915
		6	203	174	165	349	323	316	418	322	307	873	779	762	207	178	165	368	337	329	438	328	309	957	837	816
		11	217	182	174	375	335	328	488	341	324	940	794	781	219	186	176	374	341	333	499	345	326	984	830	812
	30	2	380	295	291	540	447	445	646	569	550	1130	1053	1029	435	331	319	676	543	532	774	711	681	1509	1399	1368
		3	274	248	234	427	398	386	538	486	463	1013	949	924	287	258	240	471	435	415	598	530	504	1239	1115	1066
		6	247	222	207	406	376	362	530	432	407	992	887	863	257	228	211	420	389	372	547	441	410	1075	938	906

续表

			OP=2												OP=10											
			P=10						P=30						P=10						P=30					
			PWR=5:1			PWR=20:1			PWR=5:1			PWR=20:1			PWR=5:1			PWR=20:1			PWR=5:1			PWR=20:1		
PA	AL	CA	SN	AN	MN	SN	AN	MN	SN	AN	MN	SN	AN	MN	SN	AN	MN	SN	AN	MN	SN	AN	MN	SN	AN	MN
		11	255	231	217	408	379	364	541	426	400	1006	878	853	262	234	216	416	389	374	563	434	404	1053	910	880

表5-8 不确定信息下单个订单平均拣选服务时间百分比差异（单位：%）

			OP=2								OP=10							
			P=10				P=30				P=10				P=30			
			PWR=5:1		PWR=20:1		PWR=5:1		PWR=20:1		PWR=5:1		PWR=20:1		PWR=5:1		PWR=20:1	
PA	AL	CA	A/S	M/S	A/S	M/S	A/S	M/S	A/S	M/S	A/S	M/S	A/S	M/S	A/S	M/S	A/S	M/S
7	10	2	7.94	10.35	5.33	7.32	−4.58	1.05	−1.2	0.4	3.13	8.32	3.32	6.68	−14.39	−6.48	−7.8	−5.33
		3	3.84	6.49	2.68	3.46	−4.02	2.2	−0.33	1.7	−0.04	7.85	1.73	5.98	−12.99	−3.72	−4.37	0.19
		6	6.16	10.61	3.85	5.39	11.94	16.58	5.56	7.52	7.42	12.97	3.1	5.73	10.79	16.49	6.67	10.49
		11	6.17	9.96	3.25	5.22	15.36	18.55	7.85	9.06	6.81	10.65	2.76	4.93	15.65	19.51	9.23	11.93
	30	2	18.8	19.74	13.14	13.81	−0.12	5.86	−0.17	1.84	21.68	21.06	11.03	16.39	−7.55	0.25	−6.1	−2.37
		3	10.81	14.38	7.16	10.27	−0.34	5.56	1.76	4.46	12.69	16.94	9.26	17	−1.74	6.35	3.42	9.35
		6	6.22	12.88	4.59	8.24	9.99	14.35	5.81	8.37	5.19	12.6	4.54	10.38	9.53	15.79	9.99	16.56
		11	1.86	9.37	1.84	6.28	9.75	14.57	5.21	7.25	1.89	9.92	1.77	6.46	9.16	14.7	8.78	13.09

续表

			OP=2								*OP*=10							
			P=10				*P*=30				*P*=10				*P*=30			
			PWR=5∶1		*PWR*=20∶1		*PWR*=5∶1		*PWR*=20∶1		*PWR*=5∶1		*PWR*=20∶1		*PWR*=5∶1		*PWR*=20∶1	
15	10	2	11.17	12.62	7.28	8.64	4.3	6.73	1.77	4.08	12.81	17.27	8.43	9.96	−0.99	3.54	0.42	1.87
		3	3.55	5.64	1.91	3.84	2.72	6.31	1.69	3.55	0.57	8.78	1.72	4.67	1.24	6.12	1.35	5.61
		6	14.52	18.95	7.4	9.4	22.91	26.71	10.76	12.73	18.01	20.59	8.31	10.61	25.15	29.42	12.5	17.21
		11	16.17	19.96	10.56	12.49	30.13	33.67	15.58	16.96	19.04	19.83	8.88	11.04	30.92	34.66	15.7	21.26
	30	2	22.33	23.63	17.17	17.68	11.96	14.94	6.82	8.93	32.6	26.66	19.65	21.28	8.19	12.02	7.27	10.28
		3	9.35	14.46	6.83	9.62	9.57	13.8	6.31	8.8	12	16.21	7.65	11.86	11.36	15.72	9.97	16.21
		6	10.01	16.25	7.36	10.83	18.53	23.25	10.6	12.95	13.56	18.02	7.31	11.36	19.4	25.14	12.8	18.65
		11	9.37	14.86	7.07	10.59	21.33	26.04	12.74	15.18	13.02	17.4	6.38	10.2	22.92	28.1	13.55	19.55

表5-9 不确定信息下单个拣货员单次作业平均堵塞次数

			OP=2												*OP*=10											
			P=10						*P*=20						*P*=10						*P*=20					
			PWR=5∶1			*PWR*=20∶1			*PWR*=5∶1			*PWR*=20∶1			*PWR*=5∶1			*PWR*=20∶1			*PWR*=5∶1			*PWR*=20∶1		
PA	*AL*	*CA*	*SN*	*AN*	*MN*	*SN*	*AN*	*MN*	*SN*	*AN*	*MN*	*SN*	*AN*	*MN*	*SN*	*AN*	*MN*	*SN*	*AN*	*MN*	*SN*	*AN*	*MN*	*SN*	*AN*	*MN*
7	10	2	0.52	0.59	0.56	1.19	0.84	0.79	1.19	1.19	1.11	1.26	1.31	1.23	1.67	2.06	1.84	3.19	3.2	3.19	3.5	4.07	3.96	3.57	4.26	4.1
		3	0.39	0.22	0.24	0.86	0.65	0.69	1.27	1.48	1.12	1.6	1.32	1.52	1.27	1.46	0.96	3.06	2.96	2.85	3.29	4.38	3.92	5.68	6.08	6.48
		6	0.18	0.23	0.2	0.59	0.45	0.4	0.9	0.84	0.59	2.13	1.33	1.29	0.85	1.05	0.54	2.35	2.33	2.13	3.01	3.54	2.74	8.13	6.86	6.93
		11	0.17	0.13	0.05	0.5	0.47	0.38	0.61	0.43	0.46	1.63	0.9	0.93	0.53	0.75	0.44	1.61	1.86	1.46	2.07	2.57	2.18	7.29	5.4	5.11

续表

			OP=2												OP=10											
			P=10						P=20						P=10						P=20					
			PWR=5:1			PWR=20:1			PWR=5:1			PWR=20:1			PWR=5:1			PWR=20:1			PWR=5:1			PWR=20:1		
	30	2	0.97	0.6	0.65	1.18	0.64	0.71	1.56	1.19	0.93	1.37	1.29	1.34	3.16	3	2.86	3.3	3.39	3.3	3.97	4.77	4.54	3.85	4.77	4.61
		3	0.69	0.52	0.47	0.98	0.57	0.52	1.44	1.15	1.14	1.84	1.25	1.42	2.4	2.07	1.74	3.23	2.91	2.74	5.53	5.3	4.92	5.66	5.81	6.21
		6	0.2	0.25	0.17	0.61	0.57	0.44	1.2	0.72	0.85	2.12	0.99	0.97	0.97	1.25	0.9	2.58	2.27	1.93	3.95	3.58	3.23	7.92	5.68	5.66
		11	0.16	0.23	0.16	0.64	0.33	0.26	0.85	0.35	0.46	1.75	0.82	0.91	0.62	0.91	0.62	1.9	1.85	1.58	2.46	2.45	2.08	7.03	4.58	4.4
15	10	2	0.53	0.49	0.34	0.84	0.63	0.63	1.22	1.16	1.2	1.87	1.69	1.31	1.6	1.36	1.21	3.02	2.71	2.61	4.86	4.81	4.34	5.58	5.85	5.97
		3	0.28	0.3	0.19	0.62	0.64	0.44	1.25	0.93	0.85	2.01	1.44	1.27	0.85	0.83	0.55	2.03	1.99	1.77	3.2	3.44	3.11	7.2	6.58	6.54
		6	0.1	0.19	0.14	0.34	0.3	0.31	0.58	0.53	0.45	1.49	1.01	0.93	0.57	0.72	0.3	1.18	1.41	1.19	2.21	2.23	1.61	5.92	5.05	4.84
		11	0.04	0.14	0.04	0.22	0.27	0.23	0.41	0.34	0.31	0.71	0.56	0.55	0.39	0.56	0.19	0.85	1.12	0.87	1.45	1.71	1.23	4.2	3.58	3.36
	30	2	0.95	0.54	0.6	0.8	0.52	0.61	1.71	1.22	1.23	1.87	1.34	1.3	3.05	2.27	2.06	3.37	2.79	2.77	5.9	5.53	5.4	5.94	6.24	6.09
		3	0.38	0.35	0.22	0.6	0.39	0.36	1.79	1.07	0.97	1.67	1.06	0.96	1.46	1.29	1.07	2.25	1.96	1.81	6.09	4.47	4.46	7.07	5.73	5.94
		6	0.09	0.13	0.1	0.31	0.29	0.22	0.81	0.49	0.47	1.49	0.68	0.69	0.55	0.68	0.41	1.23	1.27	1.03	2.89	2.29	1.96	5.73	3.98	3.9
		11	0.03	0.11	0.09	0.25	0.24	0.21	0.37	0.37	0.24	1.16	0.36	0.51	0.39	0.58	0.28	0.99	1.12	0.94	1.76	1.55	1.13	4.32	2.81	2.76

表 5-10 不确定信息下单个拣货员单次作业堵塞平均等待时间（单位：s）

			OP=2						OP=10						OP=2						OP=10					
			P=10			P=30			P=10			P=30			P=10			P=30			P=10			P=30		
			PWR=5:1			PWR=20:1			PWR=5:1			PWR=20:1			PWR=5:1			PWR=20:1			PWR=5:1			PWR=20:1		
PA	AL	CA	SN	AN	MN	SN	AN	MN	SN	AN	MN	SN	AN	MN	SN	AN	MN	SN	AN	MN	SN	AN	MN	SN	AN	MN
7	10	2	4.15	4.97	3.97	25.9	20.6	17.4	9.13	13.4	12.6	58.4	60.3	61.1	20.1	26.8	20.7	166	163	150	71.6	109	97.2	461	543	531
		3	1.58	0.89	1.53	14	9.55	11.4	6.64	9.77	7.09	39.6	35.4	32.7	7.92	11.7	5.44	75.1	72	61.6	21.4	47.5	36.7	280	315	284
		6	0.73	0.95	0.64	5.59	4.03	4.96	4.45	3.14	2.42	28.1	20	17.6	5.45	5.14	1.85	29.9	29.6	27.1	16	16.7	12.5	155	129	117
		11	0.61	0.41	0.11	3.77	3.94	3.32	1.93	1.34	1.26	17.3	7.33	9.39	3.03	2.96	1.12	17.7	19.1	16.7	9.71	8.22	6.75	90.3	60.5	59

续表

			OP=2						OP=10						OP=2						OP=10					
			P=10			P=30			P=10			P=30			P=10			P=30			P=10			P=30		
			PWR=5∶1			PWR=20∶1			PWR=5∶1			PWR=20∶1			PWR=5∶1			PWR=20∶1			PWR=5∶1			PWR=20∶1		
PA	AL	CA	SN	AN	MN	SN	AN	MN	SN	AN	MN	SN	AN	MN	SN	AN	MN	SN	AN	MN	SN	AN	MN	SN	AN	MN
15	30	2	17	8.78	10.9	39.9	22.8	23.9	24.1	29.9	23.8	76.2	82.9	82	109	89	79.6	269	236	204	200	249	222	598	691	656
		3	6.52	4.47	4.07	21.1	11.2	9.33	11.4	14	10.7	55.8	43.1	39.2	29.4	25.1	18.3	119	94	66.4	80.9	95.2	76.7	375	340	298
		6	1.22	0.82	0.79	8.11	5.81	4.62	7.36	3.62	4.36	33.7	17.1	14.6	6.06	7.52	4.65	43.8	35.8	26.6	30.4	26	19.4	204	133	109
		11	0.61	0.86	0.45	5.77	3.69	2.1	3.46	1.43	1.75	21.5	10.4	12.1	3.21	3.75	2.16	22.8	20.7	17.5	13.7	10.6	8.84	114	67.8	59.1
	10	2	4.58	3.48	2.19	16.4	12	9.55	7.67	9.37	10.6	49.1	51.1	39.4	26.1	23.9	10.1	88.5	73.2	68.5	46.5	67	57.9	322	332	326
		3	1.67	1.46	1.02	8.38	6.99	5.27	6.6	5.49	4.46	31.8	27.2	22.5	8.86	13.9	2.82	34.2	33.6	27.1	21.2	25.1	19	188	183	156
		6	0.9	0.99	0.5	3.32	2.98	3.13	2.46	2.09	1.61	16.5	11.7	11	8.37	7.48	1.02	16	15.3	13.6	23.7	9.69	6.14	93.9	70.3	64.6
		11	0.19	0.9	0.07	1.94	2.45	2.02	2.17	1.42	0.82	7.79	5.29	6.44	3.58	4.33	0.52	9.3	10.6	8.65	18.5	6.79	3.6	53.7	39.1	37.6
	30	2	16.1	8.34	9	26.2	13.5	15.4	25.9	21.7	20.5	61	55.1	47.9	79.2	48.2	41.7	167	108	103	157	162	150	439	399	384
		3	4.49	2.58	1.64	11.6	5.33	5.81	15.7	10.4	8.76	37.1	23.4	18.3	18	15.9	9.6	55.3	45.4	36	75.1	54.3	50.9	268	191	164
		6	0.5	0.85	0.47	3.35	3.28	2.4	5.25	2.99	2.08	21.2	10.9	9.92	5.83	5.13	1.98	17.1	16.6	13	27.8	15.2	10.8	106	62.7	57.3
		11	0.39	0.42	0.29	1.62	1.49	1.76	2.13	1.56	1.09	11.5	3.55	5.17	3.3	3.91	1.04	11.3	10.9	9.49	19.7	7.81	4.31	62.2	33.8	31.6

5.5 A-MOP与A-MOP-N实验结果分析与讨论

5.5.1 确定信息环境下实验参数影响

拣货员从两个增加到多个后，如下规律得到保持：一方面，通道数量和长度的增加会增加订单拣选服务时间，因为无论有多少拣货员，仓库规模增大后，拣货员总是要走更长的距离，所以无论哪种算法，订单服务时间都会增加；另一方面，通道数量增加后，等待时间在减少，通道长度增加后，等待时间却在增加。这是因为A-MOP和一般ACO在选择下一拣货点时较为灵活，避免了在同一个通道内持续作业而引发堵塞，更多的通道降低了拣货员同时选择一个通道的概率，减少了堵塞发生次数，这也使得A-MOP在通道数量多的仓库中更有优势。通道长度的增加意味着拣货员同时选择一个通道的概率几乎保持不变，而拣货员在一个通道中的行走时间更长，这就直接增加了通道的占用时间，进而导致其他拣货员的等待时间增加，所以过长的通道既增加了堵塞等待时间，也增加了订单服务时间。横向通道数量的增加将通道划分成更小的子通道，虽然过多的划分会增加拣货员在横向通道中的行走距离，但同时，更多的横向通道也能有效提高服务效率，这是因为对于所有算法，子通道的增加降低了堵塞发生的频率，自然带来了拣选效率的优化。

令人感兴趣的是拣货员数量的变化带来的影响，从总体上看，增加拣货员数量提高了堵塞发生的概率，也就导致了订单服务时间的增加，不过新算法在拣货员增多时扩大了优势，更体现出构建路线时就考虑规避堵塞的必要性，这说明A-MOP在处理堵塞方面达到了事先的预想。

5.5.2 不确定信息环境下实验参数影响

同样，A-MOP-N的最优表现出现在通道数量为15，通道长度为10的仓库中，因为通道数量多的仓库堵塞发生频率小。横向通道数量的影响也和确定信息相同，当然这些现象都可以用拣选密度来解释，当拣选密度过高或者通道长度过长时，可以通过设置适量横向通道以提高拣选效率。这也就产生了一个有趣的现象，当拣选密度较低时，A-MOP-N的最大优势在有2个横向通道的情况下取得；而当拣选密度较高时，最大优势就出现在有11个横向通道的情况下。值得注意的是，当拣选密度超过一定水平后，堵塞等待时间相较于行走距离，对订单服务时间有更大的影响。所以，合理的仓库布局设计应该将每个通道的工作负荷也考虑在内，这不仅能减少堵塞等待时间，还能优化行走距离，提高订单拣选效率。在合理的布局中，A-MOP-N也能发挥最大效能。

然而，两步实验结果中更值得关心的是引入不确定性后对拣选带来的影响，为了便于对比，由式（5.10）~式（5.12）得出的相同情况（OP=2）下单个订单平均拣选服务时间差异百分比如表5-11所示。

$$SN/S = \left(T_e(SN) - T_e(S)\right)/T_e(S) \times 100 \tag{5.10}$$

$$AN/A = \left(T_e(AN) - T_e(A)\right)/T_e(A) \times 100 \tag{5.11}$$

$$MN/M = \left(T_e(MN) - T_e(M)\right)/T_e(M) \times 100 \tag{5.12}$$

其中，SN/S、AN/A和MN/S则表示S-Shape；ACO与A-MOP-N在确定信息和不确定信息下的订单平均拣选服务时间百分比差异。

从对比结果来看，不确定性的引入会导致A-MOP与A-MOPN的拣选服务时间之间出现波动。对于S-Shape和一般ACO来说，拣选时间确定与否不会影响算法表现，所以，这两者的波动幅度较小。这并不意外，在不确定性引入后，每个货位的停留时间有了波动，这种波动在拣货点数量多的情况下表现得尤为明显。A-MOP在构建路线时考虑堵塞，A-MOP-N在拣选中实时调整，这使得两者间的波动较大。不过，从结果来看，这种波动并不影响A-MOP-N在不确定信息环境下的有效性。

表5-11 确定信息与不确定信息下单个订单平均拣选服务时间百分比差异（单位：%）

PA	*AL*	*P*	10						30					
		PWR	5∶1			20∶1			5∶1			20∶1		
		CA	*SN/S*	*AN/A*	*MN/M*	*SN/S*	*AN/A*	*MN/M*	*SN/S*	*AN/A*	*MN/M*	*SN/S*	*AN/A*	*MN/M*
7	10	2	1.4	0.75	0	1.61	2.05	3.17	0.4	−1.14	−6.46	−0.27	−1.05	2.76
		3	1.6	0	−0.83	0.35	−0.36	0.72	0.82	0	−4.38	0	−1.75	−0.28
		6	−0.77	−0.82	−2.54	0	−0.72	−1.1	−0.69	−0.39	−2.83	0.26	−1.64	−2.89
	30	2	−3.61	−7.66	−6.52	0.23	−0.78	−0.78	0.24	−1.2	−11.2	0.66	1.89	0
		3	0.48	−2.11	−4.28	0.54	−0.29	−2.04	−0.79	0.53	−4.8	−0.11	0.47	−2.01
		6	1.69	1.19	−2.47	0	−0.62	−2.52	−0.27	0	−3.04	−0.58	0	−2.26
15	10	2	0.48	0.54	−0.54	0.81	1.17	1.49	−0.55	−2.52	−4.51	0.83	0.36	1.11
		3	0.57	0	−1.18	0.3	1.23	0.31	0.6	0.31	−3.11	−0.61	0.25	−0.51
		6	2.01	2.96	0.61	−0.85	−0.31	−0.32	0.48	1.58	0	−0.8	0	−1.93
	30	2	2.43	−1.01	−2.02	0.75	−0.22	−0.67	1.1	−4.53	−7.09	0	−0.66	−2.56
		3	1.86	0.81	−4.49	−0.47	−0.5	−2.77	0.94	−2.99	−6.46	−1.36	−1.96	−3.85
		6	−1.98	0	−3.27	1.75	0	−1.09	1.53	2.13	−0.49	0.71	0.68	−1.48

5.6 本章小结

本章研究了多区块摘果式拣选仓库中多拣货员的订单拣选路线规划问题。本章通过借鉴“3基于偏离度的单拣货员订单拣选路线规划”为双拣货员设计考虑堵塞的订单拣选路线规划算法的研究思路，采用算法构建与仿真实验相结合的方式，将A-TOP针对多拣货员确定信息环境和不确定信息环境两种情况分别进行扩展，提出了针对这两种环境的订单拣选路线规划算法A-MOP和A-MOP-N，其主要工作或贡献包括以下三方面。

（1）通过采用与A-TOP类似的思路，改变其判断堵塞应对堵塞的规则与算法流程，将用于双拣货员的有优先级差异的算法变成用于优先级相同的多拣货员的算法流程。通过这一变化，所有拣货员在构建路线时都会考虑到正在仓库中作业的其他拣货员的行动，并且不论工号，只根据在某一个通道的先后到达顺序决定采取应对堵塞行动的一方。这就使得所有拣货员的订单服务时间基本相同，而不像A-TOP，只有第二拣货员处理堵塞，使得两个拣货员的订单服务时间差别较大。

（2）为了应对在不确定信息环境下，拣货员无法获知在未来时刻发生堵塞的时间和地点，而不能在构建路线时就考虑堵塞的情况，A-MOP-N的算法流程进行了调整。拣货员在出发前只是得到一个基本路线，不同于严格S-Shape或独占式通道访问策略，拣货员在执行基本路线时，会根据当前获得的作业信息，分析其他拣货员的动向，决定通道内即使有拣货员时，是否还能进入。这一改进使得拣货员在不确定环境下也能获得部分处理堵塞的能力。

（3）设计了一组综合仿真实验。通过仓库布局和订单属性的多种取值，验证A-MOP和A-MOP-N的有效性和各种因素对堵塞的影响。实验结果说明，仓库布局等因素在多拣货员环境下和双拣货员环境下的效果相同。同时，多拣货员的出现确实会导致更多的堵塞出现，不过A-MOP和A-MOP-N在各自的环境中都能取得比对比算法更好的表现。最后通过对比证明，在不确定信息环境下，会使A-MOP和A-MOP-N的表现产生差异，这也是由于只有这两种算法在主动应对堵塞。

本章以蚁群算法为基础，针对多拣货员多区块仓库，在确定信息环境和不确定信息环境下分别提出了考虑堵塞的路线算法，也分析了仓库布局、订单属性等对算法和堵塞发生频率的影响，相关结论证明这些影响与在双拣货员环境下保持了一致，这对该类型仓库的拣选系统设计具有重要意义。本章的研究成果为进一步在更加复杂的环境（如在线订单拣选下）设计拣选策略提供了基础。

6 在线订单的实时分配与拣选路线规划

6.1 引言

在实际操作中，订单的规模将直接影响订单拣选中一个重要环节的策略决定，即订单分批。如果单个订单的规模比较大，则在拣选中，将该订单直接交给一个拣货员执行即可，即采用按订单拣选策略；如果订单规模小到不足以充分利用拣货员的容量时，则需要对订单进行组合，组合的原则可以分为两种[76]：位置邻近[131，154，186，187]和时间窗[188]。

位置近邻即根据订单要拣选的位置间的空间关系进行组合。时间窗则是在一段时间内到达的订单都按照FCFS的原则作为一组，其核心就是时间窗的划分，主要可以分为两种：固定时间窗和变动时间窗。固定时间窗是指将在一个固定时间段内到达的订单分批；变动时间窗则是将达到一定数量或者拣货员携带的容器容量上限的订单分批，相对而言是订单数量固定。时间窗的规则简单，比较容易在实际中应用。订单在具体拣选时，根据到达的订单是否允许拆分（order splitting），又可以将时间窗下的拣选方式分为两种：一种是不许拆分，是指拣货员在拣选过程中就按订单将这些货物归类（sort-while-pick）；另一种是允许拆分，是指在拣选后还有分类过程（pick-and-sort）。文献[146]通过分析各种批次大小的时间窗下这两种具体拣选模式的表现后，认为在普遍情况下，pick-and-sort 比 sort-while-pick 在总体运行效率上要更好一些。

值得注意的是，在这些分批的方法中，位置邻近思想针对的多是离线静态的订单，即所有的订单都是提前知道了其具体内容的，而现实中，尤其是电子商务模式下的订单到达则多是在线动态的，订单是无法提前知道其具体内容的。这也就是说，订单分批不可能根据订单中需要拣选的货位的分布来统筹安排拣选批次，即位置邻近的思路不可行，相对而言，时间窗思想更合适一些。但在时间窗的思想下，有如下统一结论：分批规模越大，单个订单拣选服务时间减少，因为一次行走完成的物品数量更多，但形成批次的等待时间增加；分批规模越小，单个订单拣选服务时间增加，一次行走的距离没有太大变化时，相对的效率就低了，但形成批次的等待时间减少[144]。更关键的是，在线模式下，订单的到达速率随时会变化，最佳订单批次的规模又与订单到达速率相关，这使得订单分批的批次大小即使频繁更换，也未必能完全满足动态环境的需求。

不同于既有的订单分批策略，本章提出了一个动态分配订单的算法 Green-Area，该思路是在一个使用pick-and-sort的仓库中，忽略批次安排，根据当前所有拣货员的工作状态和负荷，对到达的订单进行实时分配立即拣选，并重新规划拣货员的拣选路线，通过对订单的实时响应，提高顾客满意度和系统利用率。在一个综合性仿真实验中，Green-Area与两种时间窗分批进行了对比验证。同时，拣货员数量、订单总数和到达速率对算法的影响也做了相应分析。结果证明，Green-Area在大多数情况下能够取得比对比算法更短的单个订单平均服务时间及处理所有订单的系统运行时间，具有很好的应用前景。

6.2 在线订单实时分配问题描述

6.2.1 在线订单系统

本章针对的是多拣货员同时工作的多区块仓库，如图2-8所示。拣货员在完成拣选任务后，返回Depot处，将所有拣选到的货物放下，并等待下一次拣选任务。拣货员在Depot的作业主要包括取得订单、生成路线和完成拣选后的卸货，这些作业的用时与行走时间是相互独立的。没有完成的订单，即该订单尚有部分货物还未完成拣选并运抵Depot，就在Depot的缓冲区等待。当订单完成拣选后，则会转交给后续的分类、包装、运输等作业环节。当然，本章只聚焦于订单到达后，直到所有货物都被拣选并运抵Depot的过程。

为了准确地描述拣货员在仓库中的位置，以下一些符号仍然在本章使用：

P_t——目标拣货点，拣货员某一段拣选路线的终点；

B_c——拣货员当前所处的区块；

B_t——包含目标拣货点的区块；

CA_c——拣货员当前所处的横向通道；

PA_c——拣货员当前所处的横向通道；

PA_t——包含目标拣货点的拣货通道；

S_t——包含目标拣货点的子通道。

在一个在线订单拣选系统中，订单是一个按照速率随时间到达的泊松过程。在线订单的特性是尺寸小且允许分割，为提高每次拣选的利用率，人工拣选系统下的传统方法是采用按时间窗分批后按批次拣选且pick-and-sort的策略，自动拣选系统则可以尝试订单拆分并行拣选[189-192]。对于本书而言，则是订单在到达后立即被分配，而不是在等待队列中等到批次形成。系统开始运行后，当第一个订单到达时，就有拣货员接受任务出发，之后到达的拣货员则根据当前所有拣货员的工作状态和他们的负荷，将订单打散成单个拣选子任务，然后分配执行。仍然无法分配的拣选子任务则放置在等待队列中，直到有拣货员可以接收。拣选完成的子任务由拣货员带回至Depot，当一个订单所有的子任务都返回Depot时，才能被移交至后续的打包、运输等过程。

本章给出以下其他假设：

（1）仓库采用随机存储策略；

（2）订单中的任务相互独立；

（3）拣货员有容量限制；

（4）每个拣货员在每个拣货点拣选花费的时间都是确定的；

（5）每个拣货员行进速率恒定且相等；

（6）拣货通道和横向通道均无行走方向限制；

（7）拣货员执行的拣选任务在拣选过程中会发生变动；

（8）忽略补货过程的影响；

（9）拣货员的拣选任务可以在拣选过程中改变。

6.2.2 订单分配与路线规划评价模型

在确定一个订单要被拆分成子任务分配给拣货员执行时，决策者就面临如何分配这些子任务给所有拣货员的问题。显然，分配的目标是保证所有拣货员在得到新增任务后仍然能在最短时间内完成这些新增任务，即拣选路线不会发生较大变动。由此，分配的方案则可以根据以下给出的0-1规划进行评价：

$$\min\left\{\sum_{i\in I_o,j\in M}x_{ij}\left(Tw_{ij}+\Delta Tp_{ij}\right)\right\} \tag{6.1}$$

s.t.

$$\sum_{j\in M}x_{ij}=1,\forall i\in I_o \tag{6.2}$$

$$\sum_{i\in I_o}x_{ij}c_i\leqslant C_j,\text{如果}x_{ij}=1 \tag{6.3}$$

$$x_{ij}\in\{0,1\},\forall i\in I_o,j\in M \tag{6.4}$$

式中，O——所有在线订单构成的集合；

$o\in O$——订单索引；

I_o——订单o中包括的待拣选货物的集合；

i——待拣选货物j，且$i\in I_o$，$i=\{1，2，\cdots，|I_o|\}$；

M——所有拣货员构成的集合；

j——拣货员j，且$j\in M$，$j=\{0，1，2，\cdots，|M|\}$，其中$j=0$表示Depot点；

C_j——拣货员j的可用容量；

c_i——待拣选货物i的需要容量；

Tw_{ij}——待拣选货物i分配给拣货员j拣选后，在某个时刻，拣货员决定在完成某项任务后就拣选该新增任务而导致的新增堵塞等待时间。其中，$Tw_{i0}=2*\max\left\{Tw_{ij}|j=\{1,2,\ldots,|M|\}\right\}$以确保待拣选货物只有在所有拣货员都无法接收时才会放在Depot等待TP_{ij}待拣选货物i分配给拣货员j拣选后，在某个时刻，拣货员决定在完成某项任务后去拣选该新增任务而导致的新增行走与拣选服务时间，其中，$Tw_{i0}=2*\max\left\{Tw_{ij}|j=\{1,2,\ldots,|M|\}\right\}$以确保待拣选货物只有在所有拣货员都无法接收时才会放在Depot等待。

最后，模型的决策变量是$x_{ij}=1$，如果决定待拣选货物i分配给拣货员j

拣选，当$x_{i0}=1$时，表示待拣选货物i将放置在Depot等待。

目标函数式（6.1）是指要求对单个订单的分配方案对拣货员的工作负担带来的增加最小；约束式（6.2）则是要求订单中的每个货物只分配给一个拣货员执行；约束式（6.3）则是保证每个货物在分配给拣货员时，不超过该拣货员的当前可用容量；最后约束式（6.4）规定了决策变量的取值域。在模型中，新增堵塞等待时间Tw_{ij}和新增拣选时间Tp_{ij}如同前面章节一样，由于所处作业环境的动态性和不确定性，取值随时间实时变化，无法用模型求取最优方案，所以该模型只能用于评价已知分配方案的优劣。

因此对于一个订单，所有的分配方案将有$|M||I_o|$种。对于这一组合优化问题，由于作为输入参数的堵塞等待时间和拣选时间都是不确定参数，我们将采用启发式方法对在线订单进行分配。

6.3 Green-Area 算法

在Green-Area算法中，新订单到达后，如果Depot处有空闲拣货员，则安排其立即接受订单任务出发；如果没有空闲拣货员，则考虑将订单分解成多个子任务后分配给正在工作的拣货员执行，未能分配的子任务放在等待队列中，直到有拣货员可以执行这些任务。所以，首先要确定这些子任务可以具体分配给哪些拣货员执行。

6.3.1 绿区的定义

对于工作中的拣货员，最理想的分配方式是新增任务在其计划路线上，这样就不用额外修改路线；或者任务位于其还没开始拣选的区块中，即使修改路线，也不会过于延长已完成的拣选任务送达Depot的时间。如图6-1所示，当仓库中有3个拣货员工作时，拣选任务就可以根据拣货员的默认路线依次进行分配。需要注意的是，所谓的默认路线是指一条从拣货员的当前位置开始，经过所有待拣选货位，并最终返回Depot的路线。对于拣货员而言，根据其默认路线和工作状态会决定一个存储区域，拣货员可以在该区域中进行拣选作业。这有点类似于交通管制，一个区域对拣货员“大开绿灯”，所以本书也就根据这种现象将该区域命名为“绿区”，也就是Green-Area。如果有待分配任务位于某个拣货员的绿区，并且该拣货员没有满载，则其可以接收该任务。通常，拣货员的绿区多为其尚未经过的区域，并且空间范围会大于其默认路线，也就意味着拣货员在接收到新任务后可能会修改默认路线。显然，绿区的定义是由拣货员当前位置、未完成拣选任务列表、拣选顺序和拣选路线规划算法共同决定的。

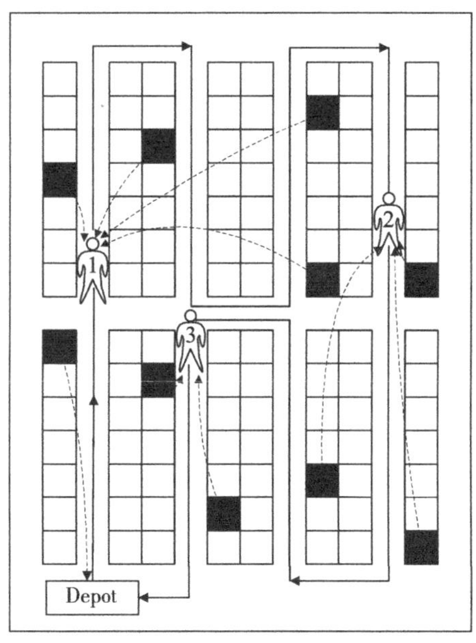

图6-1 订单分配原则

因此，为了定义一个合适的绿区，有一些原则需要遵守。

原则1：拣货员在拣选作业时，要有明显的移动趋势，也就是说拣货员最好选用一些规则明确且简单的拣选路线规划算法。因此，绿区的定义一般以启发式拣货路线算法为基础。尽管对于单区块仓库，存在一个最优路线算法[115]，但该算法很少运用于实践中。拣货员很少愿意去执行最优路线，因为这种路线看上去很杂乱，容易造成误导[2, 131, 148, 193]，并且在执行中拣货员很容易偏离既定路线，使得最优路线算法的执行效率达不到预设目标[194]。以最优算法为基础，绿区的定义也将变得很复杂，当算法给出的路线呈现出无规则特性时，绿区也会因此变得分散和不连续。

原则2：如果刚到达的客户订单需要分配，则应该按照拣货员的出发时间先后将拣货员排序，按照优先级依次分配。因为根据原则1，最先出发的拣货员将很快返回Depot，为了充分利用将返回Depot的拣货员的空闲容量和提高新到订单的相应速度，让这些拣货员接受任务更合适。

基于以上两个原则，绿区可以适用于不同的启发式算法，并且不同的启发式算法也将导致不同的绿区定义规则。本书将选取两种常用的启发式路线算法，并给出这两种算法下绿区的具体定义规则。

6.3.2 S-Shape的绿区

基于前文介绍的多区块S-Shape的特点，在新客户订单到达时，所有作业中拣货员的绿区定义可以根据其所在位置分成两类：一是拣货员在最左边通道，二是拣货员不在最左边通道。

（1）拣货员在最左边通道，如图6-2所示，拣货员正在从Depot向最远区块移动。

这时，有如下规则：

① 对于所有区块，其位于最左边通道右边的所有通道都是绿区；

② 对于最左边通道，其处在拣货员最左边通道中下一个待拣选拣货点和最远横向通道间的区域都是绿区。

（2）拣货员不在最左边通道，如图6-3所示，拣货员正在准备返回Depot。

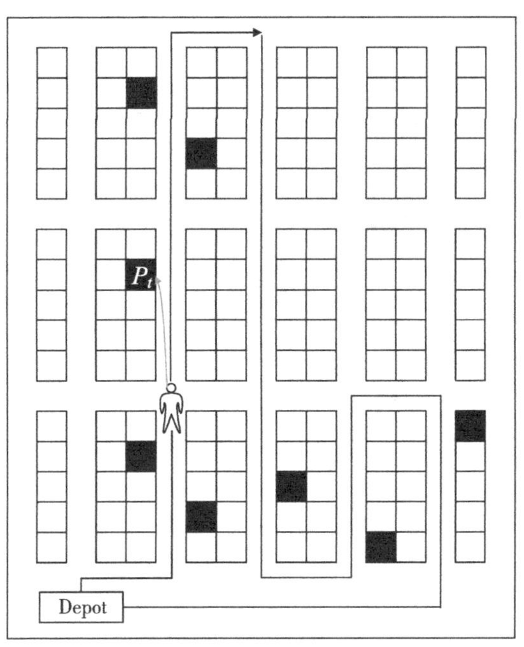

图6-2 拣货员在最左通道

这时，有如下规则：

① 位于拣货员当前B_t前方的区块，所有在最左边通道右边的通道是绿区；

② 对于拣货员当前B_t，如果拣货员的通道访问顺序是从左至右，如图6-4所示，则所有位于当前子通道右边，直到最后一条子通道，都是绿区；所有位于当前子通道左边的通道，都不是绿区；

③ 对于拣货员当前B_t，如果拣货员的通道访问顺序是从右至左，如图6-5所示，则所有位于当前子通道左边，直到靠近最左边通道的子通道，都是绿区；所有位于当前子通道右边的通道，都不是绿区；

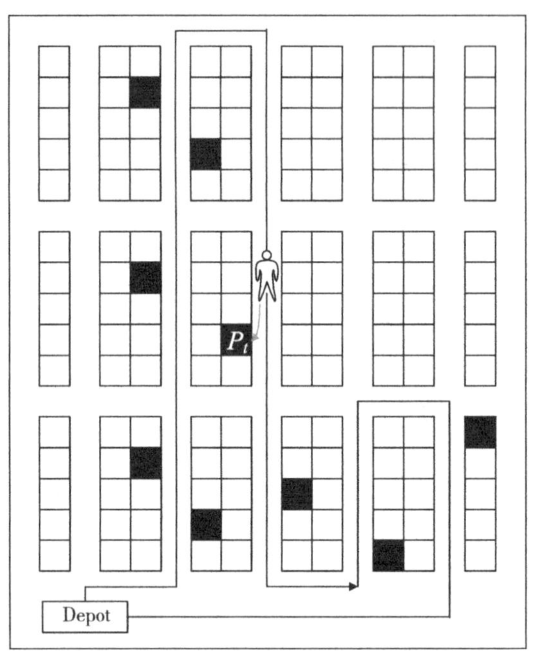

图6-3　拣货员不在最左通道

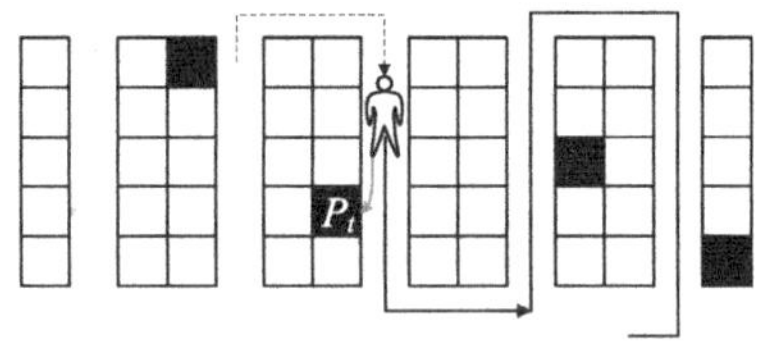

图6-4　拣货员从左至右访问当前B_t

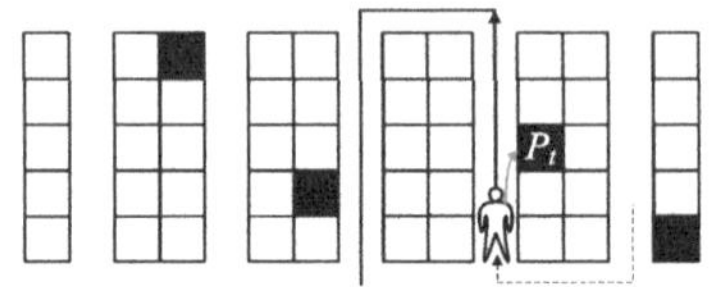

图6-5　拣货员从右至左访问当前B_t

④ 对于拣货员的当前工作子通道，如果拣货员从后向前移动，如图6-6（a）所示，则位于拣货员在该通道中目标到前端横向通道之间的区域是绿区；如果拣货员从前向后移动，如图6-6（b）所示，则位于拣货员在

该通道中目标到后端横向通道之间的区域是绿区；如果只是穿过，则该通道不是绿区，如图6-6（c）所示。

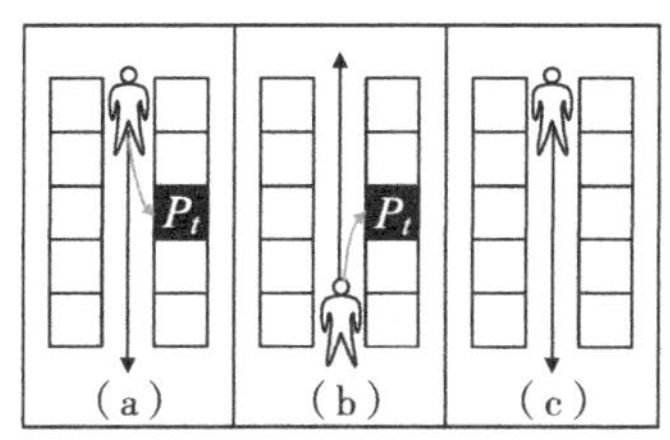

图6-6 拣货员当前所在子通道

对于单个拣货员，在使用S-Shape时，绿区的具体定义规则可以参看附录1的伪代码。

6.3.3 Largest Gap的绿区

一种常用的路线算法就是Largest Gap，在使用Largest Gap时，拣货员进入一个通道的方式有三种：完全穿过、从一端进入并离开和分别从两端进入并离开。较多的进入方式使得Largest Gap的绿区定义规则较为复杂，与S-Shape的一样，绿区定义过程分成两类情况：一是拣货员在最左边通道，二是拣货员不在最左边通道。

（1）拣货员在最左边通道，如图6-7所示，拣货员正在从Depot向最远区块移动。

这时，有如下规则：

① 对于所有区块，其位于最左边通道右边的所有通道都是绿区；

② 对于最左边通道，处在拣货员最左边通道中下一个待拣选拣货点和最远横向通道间的区域都是绿区。

（2）拣货员不在最左边通道，如图6-8所示，拣货员正在准备返回Depot。

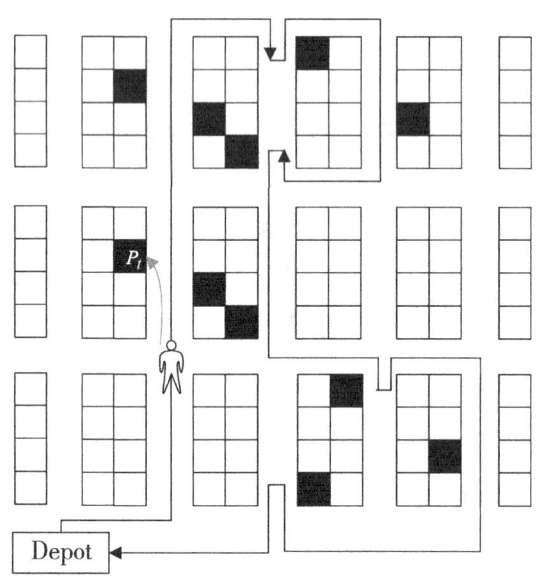

图6-7 拣货员在最左通道

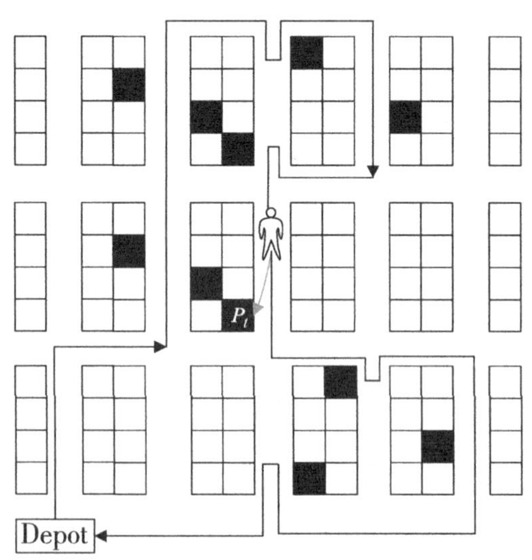

图6-8 拣货员不在最左通道

这时，有如下规则：

① 位于拣货员当前B_t前方的区块，所有在最左边通道右边的通道是绿区。

② 对于拣货员当前B_t，如果拣货员的访问顺序是从左向右，也就是拣货员此时位于B_t的CA_b，并且拣货员将从后端进入拣选P_t任务。如果S_t不是B_t的最右边一条有货子通道，那么所有在S_t右边的子通道都属于绿区，如图6–9（a）所示。此外，位于最左边通道和S_t之间的子通道，在其最大间隔前面的货位属于绿区，如果通道中没有待拣选货物，即没有最大间隔时，位于子通道中点前端的货位属于绿区，如图6–9（b）所示。

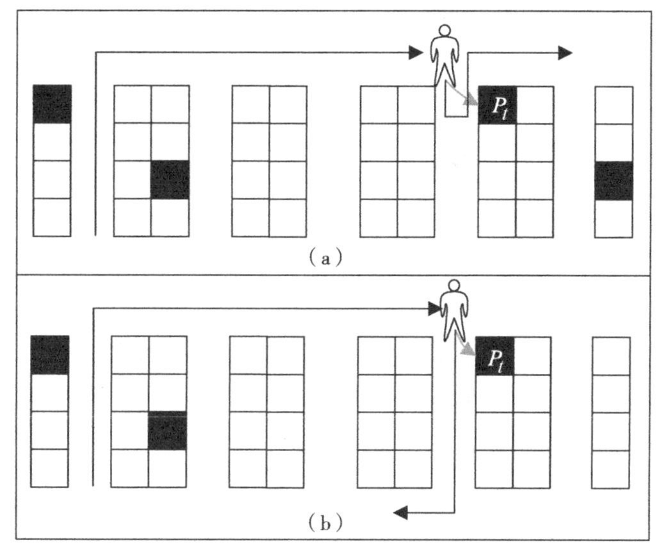

图6–9 拣货员从左至右访问当前B_t

③ 对于拣货员当前B_t，如果拣货员的访问顺序是从右向左，也就是拣货员此时位于B_t的CA_f，并且拣货员将从前端进入拣选P_t任务。考察最左通道和S_t之间的通道，位于有货通道最大间隔前端的货位属于绿区，位于无待拣选货位的通道中点前的货位属于绿区，如图6–10所示。

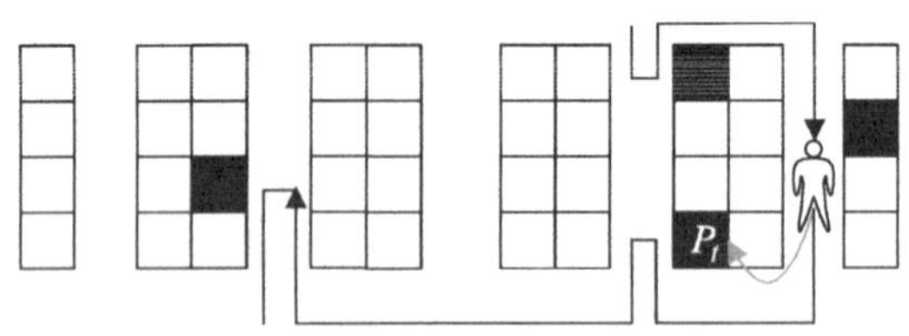

图6-10 拣货员从右至左访问当前B_t

④ 对于S_t，如果不是所在区块的第一个，并且不是最后一个有货通道，当拣货员从后端进入时，如图6-11（a）所示，位于P_t与最大间隔之间的货位属于绿区；当拣货员从前端进入时，如图6-11（b）所示，位于P_t与最大间隔之间的货位属于绿区。

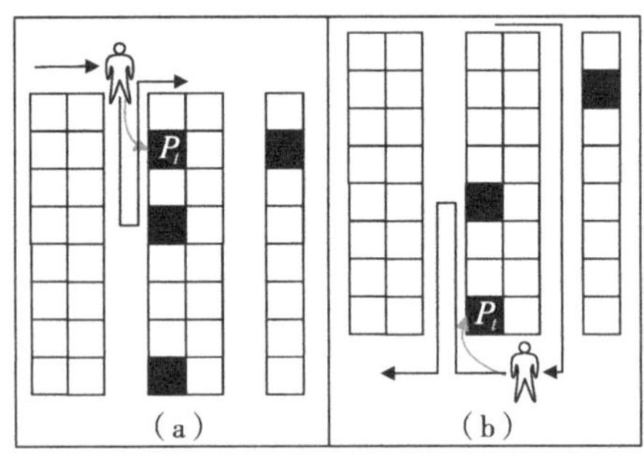

图6-11 S_t既非第一也非最后一个有货通道

⑤ 对于S_t，如果S_t是最后一个有货通道，则位于P_t与CA_f之间的货位属于绿区，如图6-12（a）所示；如果S_t是最后一个有货通道，则位于P_t与CA_f之间的货位属于绿区，如图6-12（b）所示。

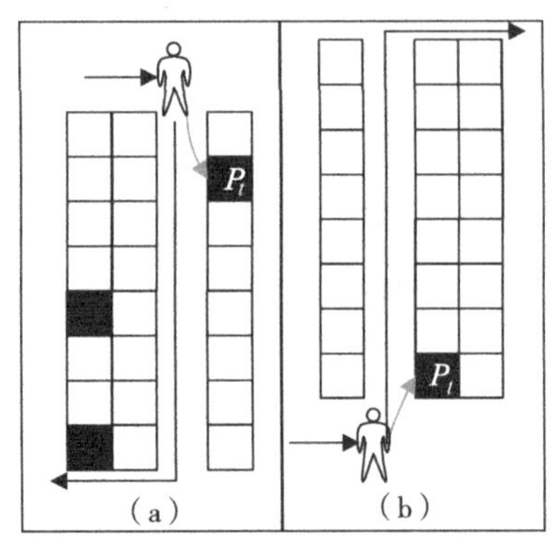

图6-12 S_t是第一或最后一个有货通道

对于单个拣货员，在使用Largest Gap时，绿区的具体定义规则可以参看附录2的伪代码。

6.3.4 路线实时调整

在拣货员得到新的任务后，如果该任务处在其计划路线上，则拣货员不用修改其原定路线。如果新增任务虽然在其绿区内，但不在其计划路线上，则拣货员就要修改其原定路线。这种情况一般出现在新增任务尚未处于开始拣选作业的区块或通道中，此时，拣货员仍然会按照各自的路线规划方法生成新路线，如图6-13和图6-14所示。需要说明的是，S-Shape主要是将路线延伸，而Largest Gap则会涉及对原有路线的调整。

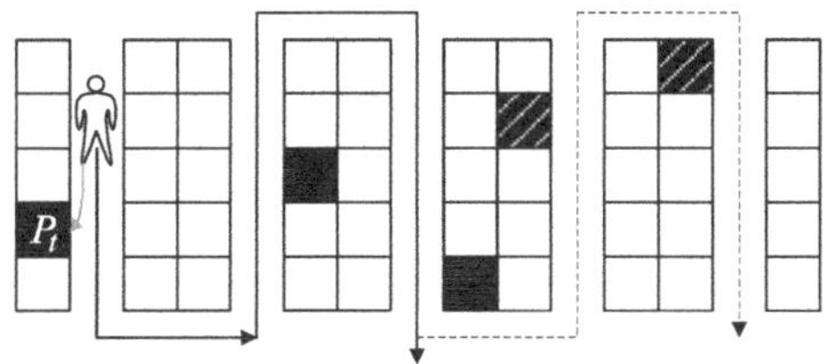

图6-13 S-Shape下拣货员重新规划路线

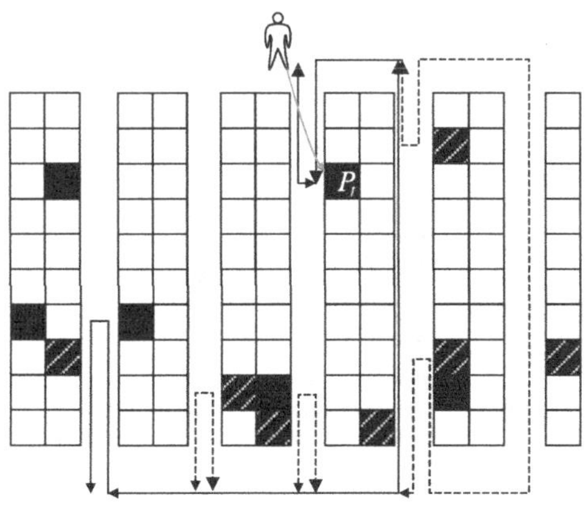

图6-14 Largest Gap下拣货员重新规划路线

同时，多个拣货员在执行任务时，会发生堵塞，不同于严格S-Shape和独占式通道访问策略，Green-Area会采用在“4 考虑双拣货员堵塞的订单拣选路线规划”介绍的实时调整的模式避免堵塞。

由此，可以给出如图6-15所示的Green-Area算法流程。

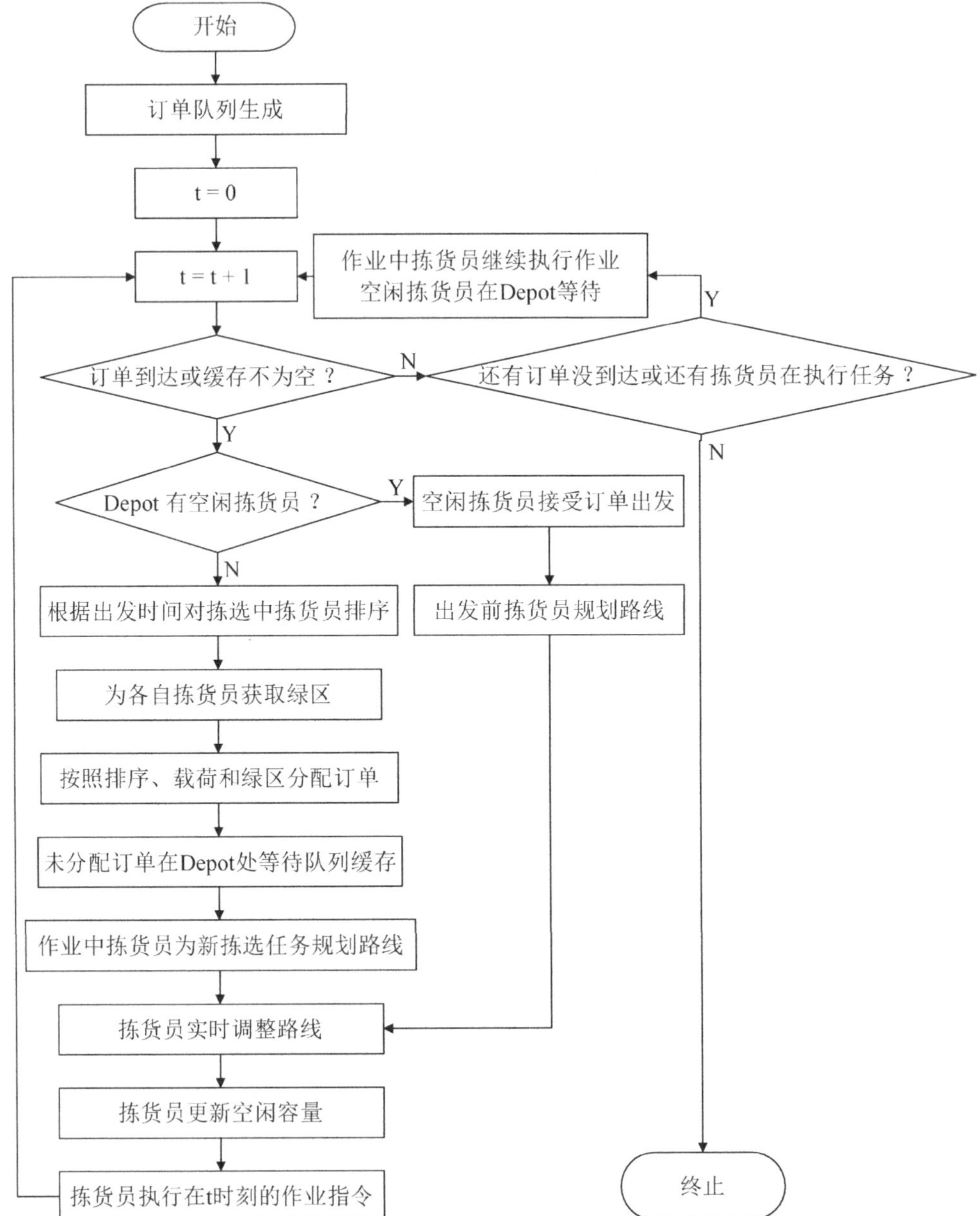
开始
订单队列生成
t = 0
t = t + 1
作业中拣货员继续执行作业
空闲拣货员在Depot等待
Y
订单到达或缓存不为空？
N
还有订单没到达或还有拣货员在执行任务？
Y
N
Depot 有空闲拣货员？
Y
空闲拣货员接受订单出发
N
根据出发时间对拣选中拣货员排序
出发前拣货员规划路线
为各自拣货员获取绿区
按照排序、载荷和绿区分配订单
未分配订单在Depot处等待队列缓存
作业中拣货员为新拣选任务规划路线
拣货员实时调整路线
拣货员更新空闲容量
拣货员执行在t时刻的作业指令
终止

图6-15 Green-Area算法流程

6.4 Green-Area算法的仿真实验与结果分析

6.4.1 实验设计

为了验证Green-Area的效果，本章选择在线固定时间窗和变动时间窗作为对比算法。由于选择的路线算法为S-Shape和Largest Gap，为了简述，将这两种算法简称为S-F（S-Shape with fixed time window batching）、S-V（S-Shape with variable time window batching）、L-F（Largest Gap with fixed time window batching）和L-V（Largest Gap with variable time window batching）。同样，Green-Area也简称为S-G（S-Shape with Green-area）和L-G（Largest Gap with Green-area）。为了将S-F、S-V、L-F和L-V的最佳批次与S-G和L-G综合对比，本书测试的S-V和L-V的批次大小（k）取值从1到$C/\bar{l}$，即所有订单都为一批，相对而言，S-F和L-F的时间间隔（Δt）也是保证在该时间段到达的订单数量从1到$C/\bar{l}$。一般来说，取值方法是取一个订单到达的间隔时间$1/\lambda$的整数倍，即$\Delta t=1/\lambda$，z是固定时间窗下一个批次内的订单数量。

本书给出如表6-1所示的实验方案，其中通道数量、通道长度和横向通道数量的影响已经在前文做过相应分析，这次实验主要观察拣货员数量、订单到达数量及订单到达速率对算法的影响。

表6-1 实验参数

实验参数	取值
通道数量(PA)	15
通道长度(AL)	30
横向通道数量(CA)	3
拣货员数量(|**M**|)	1,2,3,4,5
拣货员拣选货物数量容量限制(C)	20,40,60,80,100,150,200,250,300,350,400

续表

实验参数	取值
订单到达数量(|O|)	100,150,200
订单到达速率(λ)	0,0.03,0.04,0.05,0.06
单个订单包含拣货点数量(|I|)	1,2
单次仿真情形运行次数	500

实验参数分成两大类：一是仓库布局参数，二是订单属性参数。

1）仓库布局参数。

仓库布局参数包括通道数量（*PA*），通道长度（*AL*），横向通道数量（*CA*）和拣货员数量（|*M*|）。此外，为了考察拣货员容量限制对算法的影响，拣货员容量（*C*）从20到400进行了多组取值。一般来说，最佳的容量取值应该是刚好是他们在一次拣选作业过程中发挥最大效能的所需容量。经过仓库布局的选择，在 $PA = 15$，$AL = 30$ 及 $CA = 3$ 时，仓库形成如图6-16所示的布局样式。

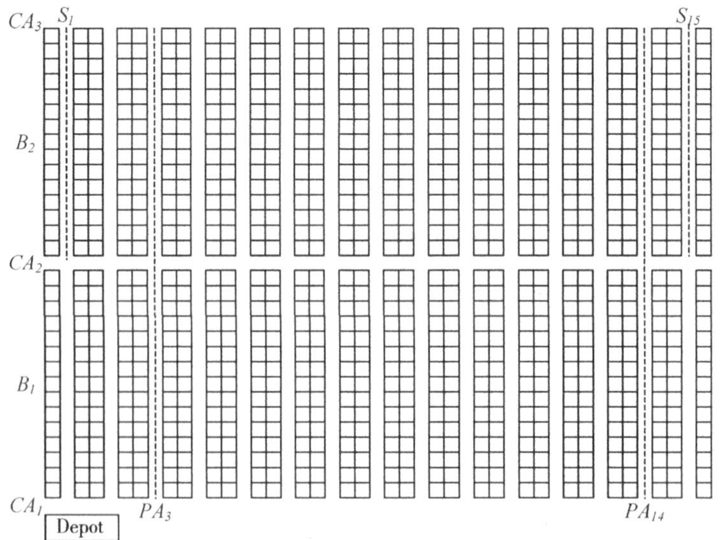

图6-16 实验仓库布局

2）订单属性参数。

订单属性参数包括订单到达数量（$|O|$）、订单到达速率（λ）和单个订单包含拣货点数量（$|I|$）。本章假设订单到达过程是一个泊松过程，到达速率分别为λ=0.03个/s，0.04个/s，0.05个/s，0.06个/s，也就是订单的平均到达时间间隔为1\λ=33.3s，25s，20s，16.7s。这时，订单到达过程是一个平稳的泊松过程。当λ=0时，是假设订单到达速率本身也服从一个平均分布$\lambda \sim U$（0.03，0.06），也就是到达时间服从平均分布$\lambda \sim U$（16.7，33.3），这时订单到达过程是一个非平稳的泊松过程。到达速率的不同取值是为了验证绿区算法在不同到达速率下的效率，以及应对到达速率不为定值情况时的能力。为了进一步地贴近电子商务环境，|I|也随机地在1和2之间做选择，选择的概率服从二项分布$|I| \sim B$（1，0.5）。

除了拣货员容量的多个取值是为了寻找最佳容量上限外，其他参数的取值构成了75种情况，相关的实验程序是通过.net平台下的C#实现。每组情境下开展了500次仿真，整个仿真运行了6天，单次仿真所需时间不到1s。实验选择了两种与文献[97]相同的评价标准，一个是单个订单的服务时间，这个时间是从一个订单到达系统开始计时，直到这个订单的所有货物都被拣选并到达Depot，这一标准反映的是系统对客户订单的响应速度，与顾客满意度紧密相关；另一个是系统运行时间，这个时间是从第一个订单到达系统开始计时，直到所有的订单都已到达且都被拣选完，所有拣货员返回Depot为止，这一标准反映的是整个拣选系统对所有订单的响应能力和对大量订单到达时的处理能力，与拣选系统的设备人员利用率紧密相关。

6.4.2 实验结果

实验的步骤要首先生成所有的|O|个订单内容，即在随机指定的订单尺

寸|I|下，先根据平均分布随机从仓库中选择拣货点，然后根据随机或确定的到达速率λ为所有订单排队并设置到达时间间隔。之后，系统运行时，根据系统时间决定是否有订单从队列中释放到拣选系统中接受拣选。在这一过程中，相应的订单服务时间和系统运行时间都被记录下来。拣选过程中，拣货员走过一个单位长度的用时是1s，通过横向通道更换拣选通道的用时是3s，横向通道宽度是一个单位长度，其他作业行为用时为0s。

实验结果也由此分成两组：S-Shape组和Largest Gap组。在S-Shape组中，S-G在72中情形下取得了最短的订单服务时间，如表6-2 所示；在所有情形下都是最快完成所有订单，如表6-3所示。同样的现象在Largest Gap组里也有出现，如表6-4和表6-5所示。加粗字体表示该情景下的最优结果，S-F、S-V、L-F和L-V在每次仿真中对应的最佳批次大小附加在相应的结果后面。每种情景下最合适的容量限制也在表中反映出来。

表6-2 S-Shape组单个订单服务时间（单位：s）

			|O|								
			100			150			200		
|M|	C	λ	S-F	S-V	S-G	S-F	S-V	S-G	S-F	S-V	S-G
1	80	0	818 (z=18)	840 (z=12)	553	899 (z=22)	951 (z=18)	594	965 (z=24)	1027 (z=21)	622
1	80	0.03	576 (z=10)	606 (z=10)	388	604 (z=11)	645 (z=11)	398	606 (z=11)	644 (z=12)	405
1	80	0.04	756 (z=15)	766 (z=13)	517	808 (z=17)	836 (z=17)	547	839 (z=20)	876 (z=21)	550
1	80	0.05	901 (z=18)	900 (z=20)	642	1012 (z=25)	1020 (z=23)	698	1047 (z=28)	1059 (z=28)	718
1	80	0.06	1005 (z=21)	997 (z=19)	738	1160 (z=28)	1146 (z=28)	824	1270 (z=39)	1268 (z=32)	876
2	40	0	349 (z=5)	367 (z=5)	282	366 (z=6)	396 (z=7)	282	371 (z=6)	411 (z=7)	286

续表

			|O|								
			100			150			200		
|M|	C	λ	S-F	S-V	S-G	S-F	S-V	S-G	S-F	S-V	S-G
2	40	0.03	238 (z=2)	230 (z=3)	194	248 (z=3)	235 (z=3)	198	247 (z=3)	238 (z=3)	197
2	40	0.04	304 (z=4)	311 (z=4)	253	316 (z=4)	322 (z=5)	257	313 (z=4)	320 (z=5)	257
2	40	0.05	374 (z=6)	376 (z=6)	303	398 (z=7)	400 (z=8)	319	404 (z=7)	415 (z=8)	320
2	40	0.06	450 (z=8)	451 (z=8)	366	468 (z=9)	477 (z=9)	388	486 (z=10)	492 (z=10)	390
3	20	0	222 (z=2)	221 (z=3)	185	229 (z=3)	228 (z=3)	191	233 (z=3)	240 (z=3)	189
3	20	0.03	148 (z=1)	162 (z=2)	138	152 (z=1)	162 (z=2)	137	151 (z=1)	162 (z=2)	138
3	20	0.04	191 (z=2)	195 (z=2)	170	190 (z=2)	196 (z=2)	172	191 (z=2)	199 (z=3)	172
3	20	0.05	230 (z=3)	221 (z=3)	206	235 (z=3)	230 (z=3)	209	232 (z=3)	228 (z=3)	211
3	20	0.06	271 (z=4)	266 (z=4)	242	275 (z=4)	272 (z=4)	246	283 (z=4)	288 (z=5)	252
4	20	0	164 (z=1)	164 (z=2)	147	177 (z=2)	166 (z=2)	145	179 (z=2)	176 (z=2)	145
4	20	0.03	134 (z=1)	117 (z=1)	113	135 (z=1)	120 (z=1)	114	134 (z=1)	121 (z=1)	114
4	20	0.04	143 (z=1)	152 (z=2)	133	142 (z=1)	153 (z=2)	134	142 (z=1)	153 (z=2)	135
4	20	0.05	177 (z=2)	164 (z=2)	157	179 (z=2)	169 (z=2)	160	179 (z=2)	170 (z=2)	160
4	20	0.06	195 (z=2)	194 (z=3)	184	205 (z=2)	195 (z=3)	188	208 (z=2)	196 (z=3)	188

续表

			|O|								
			100			150			200		
|M|	C	λ	S-F	S-V	S-G	S-F	S-V	S-G	S-F	S-V	S-G
5	20	0	138 (z=1)	153 (z=2)	126	136 (z=1)	152 (z=2)	123	137 (z=1)	151 (z=2)	123
5	20	0.03	135 (z=1)	103 (z=1)	104	133 (z=1)	103 (z=1)	104	133 (z=1)	104 (z=1)	104
5	20	0.04	134 (z=1)	120 (z=1)	115	131 (z=1)	118 (z=1)	115	132 (z=1)	122 (z=1)	115
5	20	0.05	141 (z=1)	152 (z=2)	133	138 (z=1)	150 (z=2)	132	139 (z=1)	150 (z=2)	133
5	20	0.06	176 (z=2)	160 (z=2)	153	174 (z=2)	159 (z=2)	153	174 (z=2)	159 (z=2)	153

表6-3　S-Shape组总体订单服务时间（单位：s）

			|O|								
			100			150			200		
|M|	C	λ	S-F	S-V	S-G	S-F	S-V	S-G	S-F	S-V	S-G
1	150	0	3065 (z=25)	3003 (z=35)	2690	4300 (z=32)	4287 (z=32)	3894	5467 (z=28)	5413 (z=41)	5038
1	150	0.03	3858 (z=11)	3838 (z=15)	3600	5550 (z=11)	5500 (z=17)	5245	7242 (z=12)	7254 (z=15)	6983
1	150	0.04	3195 (z=21)	3173 (z=25)	2891	4476 (z=23)	4408 (z=26)	4149	5785 (z=21)	5739 (z=29)	5401
1	150	0.05	2886 (z=35)	2850 (z=35)	2530	3948 (z=36)	3876 (z=38)	3564	4962 (z=37)	4917 (z=41)	4580
1	150	0.06	2720 (z=37)	2666 (z=51)	2313	3638 (z=50)	3566 (z=50)	3203	4544 (z=57)	4492 (z=69)	4061
2	40	0	2621 (z=5)	2642 (z=7)	2499	3859 (z=12)	3703 (z=18)	3584	4983 (z=9)	4934 (z=15)	4784
2	40	0.03	3546 (z=2)	3563 (z=4)	3445	5255 (z=3)	5252 (z=3)	5185	6946 (z=3)	6930 (z=4)	6887

续表

			|O|								
			100			150			200		
|M|	C	λ	S–F	S–V	S–G	S–F	S–V	S–G	S–F	S–V	S–G
2	40	0.04	2788 (z=5)	2772 (z=8)	2699	4088 (z=5)	4043 (z=8)	3966	5360 (z=5)	5315 (z=9)	5242
2	40	0.05	2384 (z=9)	2374 (z=8)	2276	3374 (z=9)	3341 (z=12)	3272	4419 (z=8)	4396 (z=13)	4307
2	40	0.06	2101 (z=13)	2064 (z=13)	1980	2967 (z=11)	2938 (z=16)	2851	3819 (z=11)	3791 (z=19)	3703
3	20	0	2544 (z=7)	2469 (z=7)	2395	3700 (z=5)	3677 (z=5)	3627	4775 (z=3)	4809 (z=3)	4712
3	20	0.03	3509 (z=2)	3498 (z=2)	3476	5243 (z=1)	5187 (z=4)	5164	6940 (z=1)	6923 (z=2)	6867
3	20	0.04	2664 (z=3)	2640 (z=3)	2626	3988 (z=3)	3963 (z=4)	3950	5261 (z=4)	5232 (z=4)	5191
3	20	0.05	2259 (z=4)	2250 (z=8)	2201	3270 (z=3)	3265 (z=4)	3238	4288 (z=4)	4277 (z=4)	4247
3	20	0.06	1951 (z=5)	1940 (z=6)	1912	2824 (z=5)	2822 (z=7)	2785	3638 (z=5)	3659 (z=5)	3604
4	20	0	2417 (z=2)	2413 (z=2)	2367	3699 (z=3)	3688 (z=3)	3602	4845 (z=5)	4832 (z=5)	4705
4	20	0.03	3532 (z=1)	3522 (z=3)	3452	5213 (z=1)	5208 (z=4)	5150	6918 (z=1)	6903 (z=3)	6853
4	20	0.04	2681 (z=1)	2683 (z=2)	2632	3993 (z=1)	3989 (z=4)	3966	5237 (z=1)	5213 (z=4)	5153
4	20	0.05	2220 (z=2)	2220 (z=2)	2159	3258 (z=4)	3218 (z=4)	3202	4267 (z=2)	4265 (z=2)	4185
4	20	0.06	1896 (z=3)	1886 (z=3)	1860	2776 (z=5)	2745 (z=4)	2708	3636 (z=5)	3629 (z=5)	3580
5	20	0	2484 (z=1)	2467 (z=3)	2377	3537 (z=1)	3647 (z=1)	3530	4603 (z=2)	4576 (z=2)	4573
5	20	0.03	3529 (z=1)	3512 (z=1)	3420	5247 (z=1)	5199 (z=4)	5155	6917 (z=1)	6884 (z=2)	6820
5	20	0.04	2665 (z=2)	2639 (z=2)	2623	3995 (z=2)	3965 (z=2)	3906	5244 (z=1)	5253 (z=1)	5202

续表

			|O|								
			100			150			200		
|M|	C	λ	S-F	S-V	S-G	S-F	S-V	S-G	S-F	S-V	S-G
5	20	0.05	2167 (z=1)	2190 (z=2)	2150	3200 (z=1)	3204 (z=4)	3180	4237 (z=2)	4213 (z=2)	4207
5	20	0.06	1875 (z=2)	1865 (z=2)	1854	2747 (z=3)	2738 (z=3)	2700	3581 (z=2)	3571 (z=2)	3548

表6-4 Largest Gap组单个订单服务时间（单位：s）

			|O|								
			100			150			200		
|M|	C	λ	L-F	L-V	L-G	L-F	L-V	L-G	L-F	L-V	L-G
1	80	0	841 (z=19)	874 (z=14)	551	923 (z=22)	984 (z=22)	583	981 (z=24)	1060 (z=24)	600
1	80	0.03	595 (z=9)	623 (z=9)	389	622 (z=10)	666 (z=12)	400	625 (z=11)	669 (z=12)	403
1	80	0.04	784 (z=16)	800 (z=13)	520	846 (z=20)	876 (z=20)	548	864 (z=21)	903 (z=21)	552
1	80	0.05	934 (z=22)	928 (z=20)	631	1022 (z=29)	1040 (z=28)	671	1055 (z=32)	1070 (z=28)	686
1	80	0.06	1024 (z=26)	1022 (z=19)	710	1158 (z=36)	1157 (z=28)	763	1211 (z=39)	1227 (z=39)	801
2	40	0	358 (z=5)	374 (z=6)	285	369 (z=6)	401 (z=7)	286	377 (z=6)	413 (z=7)	289
2	40	0.03	247 (z=3)	238 (z=3)	197	251 (z=3)	244 (z=3)	200	251 (z=3)	251 (z=3)	200
2	40	0.04	310 (z=4)	317 (z=5)	255	322 (z=5)	326 (z=5)	260	324 (z=4)	324 (z=5)	260
2	40	0.05	380 (z=6)	380 (z=6)	308	406 (z=7)	404 (z=8)	324	413 (z=7)	419 (z=8)	323
2	40	0.06	460 (z=8)	454 (z=8)	374	484 (z=9)	486 (z=9)	397	501 (z=10)	506 (z=11)	393

续表

			|O|								
			100			150			200		
|M|	C	λ	L-F	L-V	L-G	L-F	L-V	L-G	L-F	L-V	L-G
3	20	0	231 (z=3)	232 (z=3)	190	232 (z=3)	240 (z=3)	193	238 (z=3)	247 (z=4)	192
3	20	0.03	150 (z=1)	166 (z=2)	139	155 (z=1)	165 (z=2)	140	153 (z=1)	166 (z=2)	140
3	20	0.04	197 (z=2)	202 (z=2)	172	195 (z=2)	205 (z=2)	174	196 (z=2)	205 (z=3)	175
3	20	0.05	235 (z=3)	232 (z=3)	210	241 (z=3)	242 (z=3)	213	238 (z=3)	242 (z=3)	215
3	20	0.06	279 (z=4)	275 (z=4)	246	282 (z=4)	286 (z=4)	253	295 (z=4)	293 (z=5)	255
4	20	0	168 (z=1)	168 (z=2)	148	181 (z=2)	172 (z=2)	149	183 (z=2)	183 (z=2)	146
4	20	0.03	136 (z=1)	117 (z=1)	114	136 (z=1)	120 (z=1)	115	136 (z=1)	121 (z=1)	115
4	20	0.04	146 (z=1)	155 (z=2)	135	145 (z=1)	156 (z=2)	136	145 (z=1)	156 (z=2)	136
4	20	0.05	180 (z=2)	169 (z=2)	159	183 (z=2)	175 (z=2)	163	183 (z=2)	177 (z=2)	163
4	20	0.06	202 (z=2)	201 (z=3)	188	214 (z=2)	202 (z=3)	191	218 (z=3)	203 (z=3)	192
5	20	0	138 (z=1)	153 (z=2)	126	137 (z=1)	155 (z=2)	124	139 (z=1)	154 (z=2)	124
5	20	0.03	135 (z=1)	103 (z=1)	104	134 (z=1)	103 (z=1)	104	135 (z=1)	104 (z=1)	105
5	20	0.04	134 (z=1)	120 (z=1)	115	133 (z=1)	118 (z=1)	116	134 (z=1)	122 (z=1)	116
5	20	0.05	141 (z=1)	152 (z=2)	133	141 (z=1)	153 (z=2)	133	141 (z=1)	153 (z=2)	134

续表

			|O|								
			100			150			200		
|M|	C	λ	L-F	L-V	L-G	L-F	L-V	L-G	L-F	L-V	L-G
5	20	0.06	176 (z=2)	160 (z=2)	153	178 (z=2)	165 (z=2)	155	177 (z=2)	164 (z=2)	155

表6-5 Largest Gap组单个订单服务时间（单位：s）

			|O|								
			100			150			200		
|M|	C	λ	L-F	L-V	L-G	L-F	L-V	L-G	L-F	L-V	L-G
1	150	0	3079 (z=25)	2997 (z=35)	2661	4278 (z=32)	4276 (z=39)	3863	5449 (z=28)	5377 (z=41)	5002
1	150	0.03	3872 (z=12)	3862 (z=18)	3600	5576 (z=15)	5520 (z=17)	5238	7267 (z=12)	7270 (z=20)	6979
1	150	0.04	3217 (z=21)	3190 (z=25)	2887	4482 (z=26)	4429 (z=26)	4135	5820 (z=22)	5741 (z=29)	5390
1	150	0.05	2874 (z=35)	2832 (z=34)	2497	3910 (z=36)	3843 (z=38)	3519	4921 (z=37)	4876 (z=41)	4534
1	150	0.06	2683 (z=51)	2589 (z=51)	2252	3534 (z=50)	3450 (z=50)	3116	4443 (z=52)	4354 (z=69)	3974
2	40	0	2630 (z=5)	2642 (z=7)	2500	3860 (z=12)	3715 (z=18)	3588	4991 (z=9)	4940 (z=15)	4788
2	40	0.03	3563 (z=2)	3570 (z=4)	3451	5261 (z=3)	5274 (z=3)	5192	6950 (z=3)	6934 (z=4)	6887
2	40	0.04	2794 (z=5)	2773 (z=8)	2696	4092 (z=6)	4044 (z=8)	3976	5361 (z=5)	5319 (z=9)	5243
2	40	0.05	2387 (z=10)	2373 (z=8)	2276	3385 (z=9)	3349 (z=11)	3280	4427 (z=8)	4405 (z=13)	4308
2	40	0.06	2110 (z=13)	2076 (z=13)	1980	2984 (z=11)	2950 (z=16)	2860	3842 (z=11)	3801 (z=19)	3709
3	20	0	2542 (z=7)	2471 (z=7)	2398	3704 (z=5)	3683 (z=5)	3628	4781 (z=3)	4834 (z=3)	4708

续表

			|O|								
			100			150			200		
|M|	C	λ	L-F	L-V	L-G	L-F	L-V	L-G	L-F	L-V	L-G
3	20	0.03	3511 (z=2)	3502 (z=2)	3477	5247 (z=1)	5190 (z=4)	5165	6942 (z=1)	6927 (z=2)	6867
3	20	0.04	2664 (z=3)	2646 (z=3)	2627	3989 (z=3)	3965 (z=4)	3951	5260 (z=4)	5234 (z=4)	5193
3	20	0.05	2265 (z=4)	2254 (z=8)	2200	3276 (z=3)	3268 (z=4)	3242	4290 (z=4)	4282 (z=7)	4240
3	20	0.06	1954 (z=5)	1939 (z=6)	1915	2831 (z=5)	2822 (z=7)	2789	3639 (z=5)	3654 (z=5)	3613
4	20	0	2418 (z=2)	2420 (z=2)	2372	3703 (z=3)	3695 (z=3)	3602	4845 (z=5)	4832 (z=5)	4708
4	20	0.03	3535 (z=1)	3525 (z=3)	3453	5216 (z=1)	5211 (z=4)	5151	6920 (z=1)	6905 (z=3)	6855
4	20	0.04	2682 (z=1)	2687 (z=2)	2634	3994 (z=1)	3992 (z=4)	3967	5242 (z=1)	5217 (z=4)	5156
4	20	0.05	2222 (z=2)	2227 (z=2)	2162	3262 (z=4)	3218 (z=4)	3204	4272 (z=2)	4274 (z=2)	4188
4	20	0.06	1902 (z=3)	1895 (z=3)	1868	2777 (z=5)	2749 (z=4)	2715	3638 (z=5)	3633 (z=5)	3579
5	20	0	2484 (z=1)	2467 (z=3)	2377	3540 (z=1)	3647 (z=1)	3533	4601 (z=2)	4579 (z=2)	4574
5	20	0.03	3529 (z=1)	3512 (z=1)	3420	5249 (z=1)	5204 (z=4)	5155	6918 (z=1)	6886 (z=2)	6820
5	20	0.04	2665 (z=2)	2639 (z=2)	2623	3996 (z=2)	3968 (z=2)	3908	5246 (z=1)	5253 (z=1)	5202

续表

			|O|								
			100			150			200		
|M|	C	λ	L-F	L-V	L-G	L-F	L-V	L-G	L-F	L-V	L-G
5	20	0.05	2167 (z=1)	2190 (z=2)	2150	3203 (z=1)	3207 (z=4)	3182	4238 (z=2)	4215 (z=2)	4208
5	20	0.06	1875 (z=2)	1865 (z=2)	1854	2751 (z=3)	2740 (z=4)	2701	3584 (z=2)	3576 (z=2)	3550

尽管将订单拆分后会有一个额外的打包时间，但从结果上来看，S-G和L-G在大部分情况下能够改善订单服务和系统运行效率，关键是不同于时间窗分批，这种改善不随订单批次尺寸改变。然而对于S-F、S-V、L-F和L-V，无论是订单服务时间还是系统运行时间，都是批次尺寸的凸函数，如图6-17～图6-20所示（$|M|=2$，$|O|=100$，$C=40$，$\lambda=0.04$）。这是因为有两个因素构成时间窗下的系统运行时间，一是拣货员等待批次分批时间，二是拣货员批次服务时间。当批次尺寸较小时，批次构成较快，拣货员的等待时间较短时，但拣货员服务时间较长，因为拣货员将拣选的批次更多。相对的，当批次尺寸较大时，拣货员等待批次构成的时间较长。当拣货员服务时间较短时，因为拣货员在一次拣选中可以服务更多的订单，而行走距离没有显著增加。同时，有三个因素构成了时间窗下的单个订单服务时间，分别是单个订单等待批次构成时间、批次等待空闲拣货员时间和批次服务时间。当批次尺寸较小时，订单等待批次构成时间和批次服务时间较短，但批次等待空闲拣货员时间较长；当批次尺寸较大时，订单等待批次构成时间和批次服务时间较长，但批次等待空闲拣货员时间较短。两个时间都和批次尺寸相关，所以存在使订单服务时间和系统运行时间最短的最佳批次。这与文献[85]在单区块仓库中得出的结论一致。

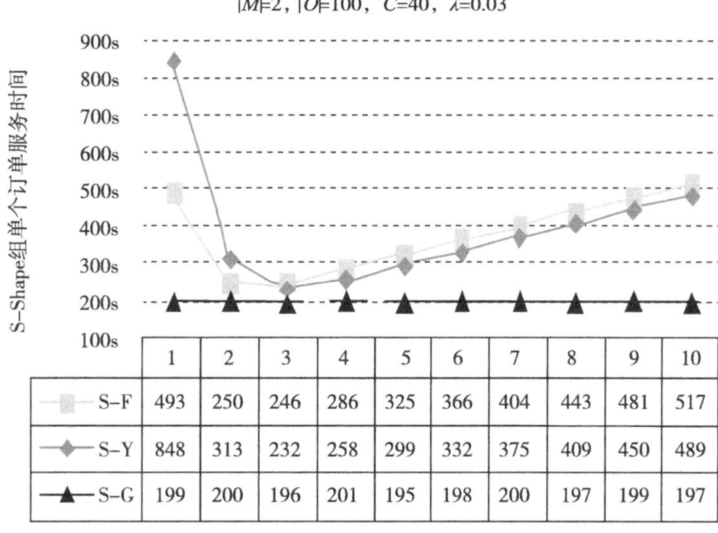

	1	2	3	4	5	6	7	8	9	10
S-F	493	250	246	286	325	366	404	443	481	517
S-Y	848	313	232	258	299	332	375	409	450	489
S-G	199	200	196	201	195	198	200	197	199	197

图6-17　S-Shape组单个订单服务时间随批次尺寸变化

|M|=2，|O|=100，C=40，λ=0.03

5000s
4800s
4600s
4400s
4200s
4000s
3800s
3600s
3400s

S-Shape组系统运行时间

	1	2	3	4	5	6	7	8	9	10
S-F	4228	3546	3607	3579	3675	3658	3702	3737	3749	3747
S-V	4983	3687	3599	3563	3641	3584	3601	3604	3666	3677
S-G	3557	3445	3563	3515	3581	3535	3543	3548	3530	3500

批次尺寸

图6-18　S-Shape组系统运行时间随批次尺寸变化

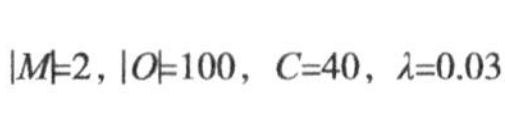

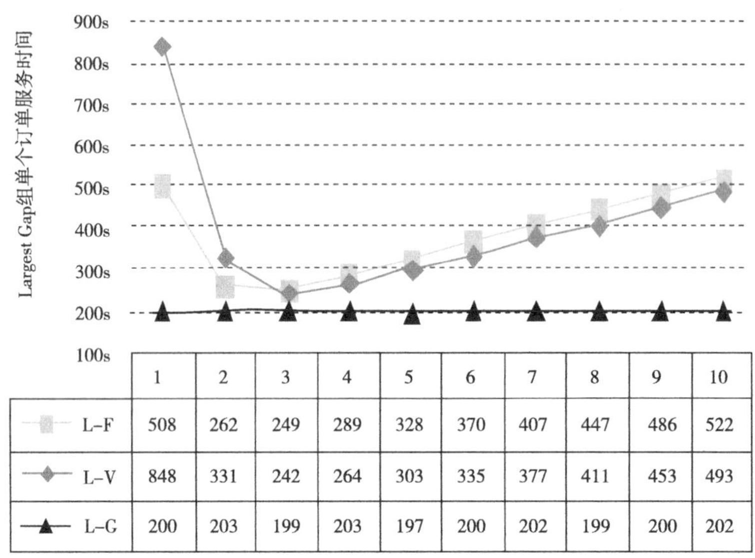

	1	2	3	4	5	6	7	8	9	10
L-F	508	262	249	289	328	370	407	447	486	522
L-V	848	331	242	264	303	335	377	411	453	493
L-G	200	203	199	203	197	200	202	199	200	202

图6-19　Largest Gap组单个订单服务时间随批次尺寸变化

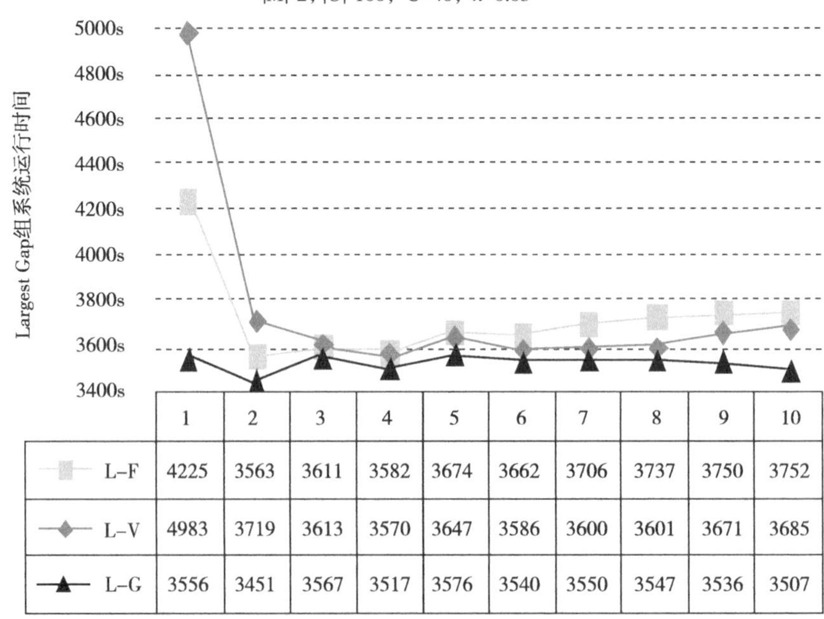

	1	2	3	4	5	6	7	8	9	10
L-F	4225	3563	3611	3582	3674	3662	3706	3737	3750	3752
L-V	4983	3719	3613	3570	3647	3586	3600	3601	3671	3685
L-G	3556	3451	3567	3517	3576	3540	3550	3547	3536	3507

图6-20　Largest Gap组系统运行时间随批次尺寸变化

S-G在三种情景下单个订单服务时间的表现弱于S-V和S-F，这三个情景均为5个拣货员同时工作且到达速率λ= 0.03，L-G也是在同样的情景下表现弱于L-V和LF。在这些情景中，S-F、S-V、L-F和L-V的最佳批次尺寸是单个订单构成批次。然而，S-G和L-G会在拣选中对新到订单进行拆分和分配，这在一定程度上会延缓订单的完成，因为订单服务时间是在该订单的所有货物被送至打包环节为止，工作中的拣货员在接收新任务时就会不可避免地延迟已完成订单的交接。需要注意的是，在这三种情景下，S-G与S-F和S-V算法之间的差异不会大于1%，但在其他情景中，S-G的最大优化效果却能达到40%，这种现象在L-G与L-F和L-V的对比中也能被观察到。在结合了绿区算法后，S-Shape与Largest Gap相比，S-Shape在65种情景下取得了比Largest Gap更短的单个订单服务时间，在50种情景下取得了比Largest Gap更短的总体运行时间。同样值得注意的是，两者之间的差异小于10%，尤其是在多个拣货员同时作业的情景下。这一差异在时间窗模式下也同样存在，这说明绿区思想的引入并不会改变原先算法在效率上的差别。

更重要的是，分批算法的最佳批次尺寸不仅和仓库中的拣货员数量，而且和订单总数、到达速率相关，可见要使基于时间窗的订单分批算法发挥的效率，不仅需要根据仓库中拣货员的数量，还要根据订单到达速率和订单总数调整批次大小。但值得注意的是，虽然我们在实验中假设了一种类型的到达速率是$\lambda \sim U$（0.03，0.06），以验证绿区算法在到达速率波动的情形下的表现。这种假设下，到达速率的期望仍然是已知的并且仍然假设到达过程是泊松过程。不同于大多数文献的假设，在电商实际作业环境下，订单到达是一个非平稳的随机过程，订单到达速率的期望和方差也会随时变化，而且无法预知未来时段内会到达的订单数量，这使得在使用时间窗订单分批时，不得不频繁调整最佳批次尺寸。而且，取得最短单个订单服务时间和最短系统运行时间对应的批次尺寸并不相同，很难在两个目标下达成统一。相比之下，无须随时调整具体参数的Green-Area算法就具有一定的可行性。

6.4.3 结果分析

从结果上分析如下四种参数对拣选效率的影响：

1）拣货员数量（$|M|$）。

无论是Green-Area还是对比算法，随着拣货员数量的增加，系统运行时间和单个订单服务时间都明显地降低了。这显然是因为订单能够分给更多的拣货员执行，减少了订单的服务等待时间，这一原因同样可以产生对比算法的最佳批次尺寸随着拣货员增加而降低的现象。虽然拣货员数量增加后，仓库中的堵塞情况也在增加，但与减少的订单服务等待时间相比还是微不足道的。同时，还应该考虑到设备利用率的问题，随着增加拣货员数量，在作业过程中，拣货员出现闲置的时间比例也越来越大。所以，合适数量的拣货员既能提高拣选效率，也保证对设备的充分使用。

2）订单数量（$|O|$）。

订单的增加毫无疑问会增加系统运行时间。虽然从结果上看单个订单服务时间也有所增加，这主要是因为订单在等待队列中出现堆积，尤其是在到达率较高的情况下，等待时间会增加。在拣货员较多的情况下，单个订单服务时间就基本趋于稳定了。

3）拣货员容量（C）。

从结果上来看，合适的容量限制与到达订单总数之间无任何关联，仅仅受到拣货员数量和到达速率的影响。在单拣货员工作的情景中，取得单个订单服务时间最优的批次尺寸比取得系统运行时间最优的批次尺寸要小。这就使得在单拣货员情形下，单个订单服务时间达到最优和系统运行时间达到最优所需的容量限制不同。更多的订单适合在一个批次中被拣选，所需的容量上限就会增加。如果仓库中有多个拣货员同时作业，这种情况就会得到缓解，因为拣选任务分配成更小的子任务，所需的最佳容量上限就会下降。在实际作业中，考虑到拣货员的工作负荷，拣货员数量和所需的容量上限之间可以相互协调。在电商相关企业的调研中，这一结果得到了证实。

4）订单到达速率（λ）。

比较引人注意的是改变订单到达速率带来的变化。随着订单到达速率的提高，对于固定时间窗和变动时间窗，体现的是订单批次构成所需的时间减少，而对于在线分配法，则是拣货员在一次拣选过程中会接到更多的订单。这就使得单个订单服务时间增加，基于同样的原因，在一次拣选过程中，拣货员要服务更多的订单，也就是要访问更多的货位，系统运行时间则会在高到达速率下逐渐降低。

6.5 本章小结

本章研究了多区块多拣货员仓库中在线订单的实时分配与拣选路线规划问题。以往的订单分批策略都是在静态下研究如何设置批次，而实际中，订单往往是随时间到达且事先无法得知具体内容。现有的分批策略并不能完全适合这种情况。本章通过借鉴前几章的研究经验，采用算法构建与仿真实验相结合的方式，提出并验证了一个在线订单实时分配与路线规划算法Green-Area，主要工作或贡献包括以下三方面。

（1）通过采用实时分配在线订单的方式，摆脱了以往只采用订单分批处理的旧思路。订单分批使得订单得到响应的时间增加，降低了客户满意率，而且在订单分批的方式下的最佳批次尺寸与订单到达速率等因素紧密相关，在真正的在线模式下，时间窗分批模式不太容易灵活应用。实时分配的方式更能满足高响应速率的需求。

（2）为了将订单实时分配给作业中的拣货员并最小限度地调整拣选路线，本书引入了绿区的概念。通过分析拣货员所在位置，计划行走路线和出发时间，为拣货员划定可以接受附加任务的货位范围，即绿区。在需要实时分配订单时，将所有的拣货员按照出发时间排序后，根据其绿区和空闲容量依次将订单中的待拣选拣货点分配给适合执行的拣货员，不能被分配的部分则在Depot的等待队列中缓存，直到有拣货员可以执行为止。由此，新到订单都可以得到实时响应。

（3）设计了一个综合仿真实验。通过仓库布局和订单属性的多种取值以验证Green-Area的有效性和各种因素对单个订单服务时间与系统运行时间的影响。实验说明，在大部分情况下，Green-Area都能够取得比对比算法更好的表现，尤其是在多个拣货员和订单任务较多的情况下。Green-Area不同于需要根据到达速率等因素作出调整的分批算法，更适合用于电子商务环境下的订单拣选系统。

现有的订单分批策略大多是要在得知订单具体内容的情况下才能作出决策。然而，订单随时间实时到达无法事先得知具体内容的现实使得这些策略在应用的时候存在很大的限制。因此，如何在不用考虑订单具体内容的情况下处理在线订单具有重要意义。本章提出了这样一个能够及时处理新到订单的Green-Area算法，也分析了订单属性等对算法的影响，相关结论对如何处理随着电子商务发展而出现的在线订单拣选有重要指导意义。本章的研究成果为进一步研究在线模式下的订单拣选策略提供了基础。

7　总结与展望

7.1　全书总结

随着市场竞争的加剧，电子商务环境下顾客对订单的服务水平要求越来越高，这就转换成了对供应链管理的更高要求。作为在供应链中占据了绝大部分运营成本的重要一环，仓库的运行效率明显地影响到了供应链的表现。在仓库管理中，由于订单拣选直接影响供应链的响应速度，是重中之重，因此其各个环节的策略设计引起了相关研究人员的关注。然而，现阶段的一些策略设计的假设条件相对简单，与实际作业环境有一定差距。同时，电子商务、在线购物模式的广泛发展使得订单拣选面临的是动态性和不确定性的环境。因此，需要针对由拣选作业中的复杂性、动态性和不确定性因素引发的问题，设计相应的拣选策略。针对影响订单拣选效率的环节和复杂因素，本书研究了针对拣货员堵塞、动态环境及不确定信息环境下，以订单拣选路线规划为核心的相关策略设计问题。本书的主要研究工作如下。

（1）针对多区块仓库下的单拣货员订单拣选路线规划问题，提出了基于偏离度的订单拣选路线规划算法。由于常用的启发式策略都是只针对当前有拣货点的子通道作出拣选方式的选择，忽视了这些拣货点在仓库中的整体分布，因此得出的只是局部最优而不是全局最优。针对这一缺陷，本书首先完善了单区块下基于偏离度的订单拣选路线规划算法，丰富了拣货员在面对一个待拣选子通道时的拣选方式选择。然后，将这一规划算法扩展到多区块仓库中。随后，通过仿真实验验证了该算法在多区块仓库中的表现，发现新算法在大多数情况下都能取得比现有启发式策略更短的行走距离，并且分析了仓库布局和拣货点数量对算法的影响。结果表明，一方面，所有的算法在拣货点数量合适的时候才能体现出差异，当拣货点数量过高，所有算法与策略都会迫使拣货员走过全部通道，没有了优化空间。所以所有算法与策略都应该在合适的拣选密度下使用。另一方面，仓库布局因素对所有算法与策略的影响中最重要的是横向通道数量，在通道长度增加时所有的算法与策略下拣选路线都会增加，但适当设置横向通道能够降低拣选路线长度，新算法更是在有合适数量横向通道的仓库中表现较好。

（2）针对订单拣选路线规划中遇到的双拣货员堵塞问题，提出了基于蚁群算法的考虑双拣货员堵塞的订单拣选路线规划算法。由于在实际应用中，不同于已有的订单拣选路线规划算法中单拣货员的假设，往往是多个拣货员同时在仓库中进行拣选作业。这时如果有多个拣货员同时访问同一个子通道或货位，堵塞就会不可避免地发生，拣货员在遇到堵塞时只能在通道口等待，这就会降低订单拣选效率。虽然堵塞问题引起了研究人员的注意，在货位分配、订单分批方面有相应针对堵塞的考虑，但目前的订单拣选路线规划中仍然没有涉及堵塞处理，这与实际应用需求之间存在差距。本书研究了一个同时有两个拣货员工作的订单拣选系统，给出了一个基于蚁群算法的考虑堵塞的订单拣选路线规划算法A-TOP。通过曼哈顿距离表示拣货点之间的路线长度，将问题首先转变成可以由蚁群算法能够解决的TSP问题，然后给出了一个禁忌表和逻辑距离的概念，将第二拣货员在行走过程中可能遇到的堵塞而导致的等待时间纳入其构建拣选路线时的成本考虑中，为第二拣货员在出发作业前就构建一条降低包括等待时间在内的订单服务时间的路线。随后，在一个仿真实验中，通过与两种对比算法的对比验证了A-TOP的有效性和各种实验参数对堵塞与算法表现的影响。在实验中，A-TOP由于一方面ACO得出的路线本身就比其他算法短，另一方面在构建过程中考虑了堵塞情况，所以在大多数情况下，A-TOP的订单服务时间都是最短的。在实验中发现，仓库布局对订单服务时间的影响与单拣货员条件下相同，同时，实验中仓库布局对堵塞发生的影响也有相应结论，即在大尺寸仓库中，由于拣选密度较小，堵塞的等待时间较短。

（3）针对不确定信息环境下的多拣货员订单拣选路线规划问题，分别提出了基于蚁群算法的在确定信息环境下和不确定信息环境下考虑多拣货员堵塞的订单拣选路线规划算法。目前，大多数的相关研究在设计或分析拣选策略时都忽略单个拣货点上的用时，或者假设这一时间为定值。然而，由于仓库中每个货位上存放的货物存在尺寸、重量各方面的差异，单个货物从货位上拣选的用时并不相同，同时，订单反映的是客户需求，在每个货位上拣选的货物数量也会存在差异，所以每个拣货点的拣选用时不是定值。更重要的是，由于仓库管理时的差错和拣选作业时的误操作，每个拣货点的拣选用时是不确定的，进而导致拣选作业的信息环境具有不确定性。在现有的算法中，并没有考虑过这种不确定性，而有的文献则指出，这种不确定性对堵塞有着明显的影响。本书将A-TOP做了两方面扩展，一方面，通过修改A-TOP的堵塞判断规则和算法流程，使其成为能够应用于多个拣货员的拣选系统中的A-MOP算法；另一方面，提出了能够处理不确定信息环境下堵塞的多拣货员订单拣选路线规划算法A-MOP-N。由于在不确定环境下，拣货员不能够提前获知堵塞发生的时间地点，禁忌表和逻辑距离的思路不适用，所以针对这一差别，A-MOP-N采用的是首先通过ACO得到一条计划路线，然后在作业中根据当前信息，作出实时调整以规避可能发生的堵塞。通过仿真实验，一方面验证了A-MOP和A-MOP-N的有效性，另一方面则是观察拣选信息不确定后与之前确定环境的差别。从结果上看，A-MOP和A-MOP-N在各自环境下都取得了较好的表现，同时当拣选信息不确定后，相较于对比算法，对A-MOP-N的堵塞等待时间带来了更大的波动，但这也是A-MOP-N主动处理堵塞的原因，即便如此，这一波动并不影响A-MOP-N取得较短的订单服务时间。

（4）针对在线环境下的订单分配问题，提出了基于Green-Area的订单实时分配与拣选路线规划算法。电子商务的大力发展，使得拣选系统面临的不仅是拣选信息的不确定，也有订单内容的无法提前预知性。在线订单除了这些特点，还有更高的即时响应和更短的处理时间的要求。现有的订单分批策略是在假设订单是静态，即事先得知订单内容的情况下，给出最佳批次以减少订单服务时间。面对在线订单，虽然有时间窗分批策略，但在高即时响应的要求下，这一策略显得不够灵活。不同于以往的分批思路，本书将新到订单即时分配给作业中的拣货员执行，大幅度去掉了订单等待作业的时间，同时使用绿区的概念，使得订单实时分配的结果不会对原先正在执行作业的拣货员带来太大的工作负担，并根据新增任务为拣货员重新规划拣选路线。通过数值仿真实验，验证了这一思路的有效性，新算法在与两种时间窗策略的对比中取得了较好的变现。同时，由于新算法不会受制于随订单到达速率而变的最佳批次，能够用于订单到达速率频繁变化的电子商务环境。

7.2 研究展望

本书针对订单拣选中订单拣选路线规划等相关环节的策略设计进行了

研究，主要考虑了拣货员堵塞、拣选信息不确定性、在线订单等因素对拣选策略的影响。在已有的成果基础上，进一步的研究工作可以在如下几个方向扩展。

1）考虑拣选中的任务变更。

直到现在，拣货员在接到订单后只是执行其规定的任务，然而在实际的拣选作业中，管理人员可以尝试更改部分任务以获取更高的拣选效率。例如，在拣货员要拣选的通道内如果出现一个故障导致位于这部分拣货点不可访问，拣货员可能要重新获得拣货点和计划路线。传统的人工作业仓库中由于存在信息处理能力的限制，无法及时地为拣货员提供新的作业指示，仓库的信息化管理为解决这些问题提供了可能性。在信息化条件下，建立适合能够实时获得新拣选作业指示的算法是解决这类问题的关键。

2）考虑拣选任务中的协同交互。

在拣选流程策略研究中有一个很大的困惑，即在实际作业时，拣货员能否进行合作拣选。尽管分区理论研究是将拣选区域划分成几块，每个拣货员在各自区域拣选订单的一部分，可称为一种合作，但是这种分区下，设备利用率并不高，而且在需求多变的环境中，管理人员会面临经常重新分区的尴尬，所以，在一个区域中拣选的协同交互并没有得到关注。协同交互是指在拣选作业过程中适时地将一些任务在拣货员之间交换，以提高拣选效率。例如，在拣货员遇到要进入的通道中已经有拣货员工作时，可以尝试将这一任务交由在通道中的拣货员执行。在这一协同交互中，可以使得拣选系统的设备总体利用率提高，服务水平也能有一定提升。到目前为止，这一领域的研究工作刚刚起步。

3）在线订单环境下其他拣选环节的策略设计。

目前，在线订单虽然与拣选作业中的订单分批、订单拣选路线规划紧密相关，但其他环节也需要针对这类环境进行调整。例如，货位分配，在通常面对生产性需求情况下，由于变动较少，货物的存放位置在根据以往数据分析的结果确定后基本不会有太大变动。但在在线订单环境下，频繁的需求波动、产品的更新换代都对货位分配提出了更大的挑战。此外，所有拣选作业始于订单到达，这些战术层面环节的策略设计不太容易具有实时性。尽管如此，需求预测、信息技术的发展还是给这些环节的相关研究带来了希望。

4）拣选作业环节的整体优化。

拣选作业是从布局设计到订单拣选路线规划的一个完整过程。任何环节的优化都可以为提高拣选效率作出贡献。但作为研究对象，全局优化才是最高目标，这也是管理人员的追求。本书只是对订单拣选路线规划、订单分批的相关策略做了一些研究，与整体优化的目标间还有一定差距。虽然已有一些文献已经做了一些将货位分配、订单分批、订单拣选路线规划等策略组合优化的相关研究，但同样需要进一步考虑更多的环节。当然，这一问题是目前的研究重点，也最具难度。

参考文献

[1] TOMPKINS J A， WHITE J A， BOZER Y A， et al. Facilities planning[M]. New Jersey： John Wiley & Sons，2003.

[2] DE KOSTER R， THO L， ROODBERGEN K J. Design and control of warehouse order picking： aliterature review[J]. European journal of operational research， 2007， 182（2）：481-501.

[3] POON T C， CHOY K L， CHOW H K， et al. A RFID case-based logistics resource management system for managing order-picking operations in warehouses[J]. Expert systems with applications， 2009，36（4）：8277-8301.

[4] 王建维. 数字化仓库管理系统货位分配研究[D]. 武汉： 华中科技大学，2009.

[5] MARTINEZ-BARBERA H， HERRERO-PEREZ D. Autonomous navigation of an automated guided vehicle in industrial environments[J]. Robotics and computer-integrated manufacturing， 2010， 26（4）：296-311.

[6] POON T C， CHOY K L， CHAN F T， et al. A real-time warehouse operations planning system for small batch replenishment problems in production environment[J]. Expert systems with applications，2011， 38（7）：8524-8537.

[7] 王洋. 仓库管理系统的存储策略研究[D]. 武汉： 华中科技大学， 2011.

[8] 肖伟. 卷烟分拣系统优化研究与应用[D]. 长沙： 湖南大学， 2011.

[9] PETERSEN C G， SCHMENNER R W. An evaluation of routing and volume-based storage policies in an order picking operation[J]. Decision sciences， 1999， 30（2）：481-501.

[10] HWANG H S， OH Y H， LEE Y K. An evaluation of routing policies for order-picking operations in low-level picker-to-part system[J]. International journal of production research，2004，42（18）：3873-3889.

[11] GUE K， MELLER R D， SKUFCA J D. The effects of pick density on order picking areas with narrow aisles[J]. IIE transactions，2006，38（10）：859-868.

[12] PARIKH P J， MELLER R D. Estimating picker blocking in wide-aisle order picking systems[J]. IIE transactions，2009，41（3）：232-246.

[13] PARIKH P J， MELLER R D. A note on worker blocking in narrow-aisle order picking systems when pick time is non-deterministic[J]. IIE transactions，2010a，42（6）：392-404.

[14] BOZER Y A， KILE J W. Order batching in walk-and-pick order picking systems[J]. International journal of production research，2008，46（7）：1887-1909.

[15] HENN S， KOCH S O R， DOERNER K， et al. Metaheuristics for the order batching problem in manual order picking systems[J]. Bur business research journal，2010，3（1）：82-105.

[16] ROUWENHORST B， REUTER B， STOCKRAHM V， et al. Warehouse design and control：Framework and literature review[J]. European journal of operational research，2000，122（3）：515-533.

[17] GU J X， GOETSCHALCKX M， MCGINNIS L F. Research on warehouse design and performance evaluation：a comprehensive review[J]. European journal of operational research，2010，203（3）：539-549.

[18] YU M， DE KOSTER R. Performance approximation and design of pick-and-pass order picking systems[J].IIE transactions，2008，40（11）：1054-1069.

[19] SCHLEYER M， GUE K. Throughput time distribution analysis for a one-block warehouse[J]. Transportation research part e-logistics and transportation review，2012，48（3）：652-666.

[20] JEWKES E， LEE C， VICKSON R. Product location， allocation and server home base

location for an order picking line with multiple servers[J]. Computers & operations research, 2004, 31 (4): 623-636.

[21] HWANG H S, CHO G S. A performance evaluation model for order picking warehouse design[J]. Computers & industrial engineering, 2006, 51 (2): 335-342.

[22] HSIEH L F, TSAI L H. The optimum design of a warehouse system on order picking efficiency[J]. International journal of advanced manufacturing technology, 2006, 28 (5-6): 626-637.

[23] HERAGU S S, CAI X, KRISHNAMURTHY A, et al. Analytical models for analysis of automated warehouse material handling systems[J]. International journal of production research, 2011, 49 (22): 6833-6861.

[24] ROY D, KRISHNAMURTHY A, HERAGU S S, et al. Performance analysis and design trade-offs in warehouses with autonomous vehicle technology[J]. IIE transactions, 2012, 44 (12): 1045-1060.

[25] GAMBERINI R, GRASSI A, MORA C, et al. An innovative approach for optimizing warehouse capacity utilization[J]. International journal of logistics-research and applications, 2008, 11 (2): 137-165.

[26] CHANG T H, FU H P, HU K Y. A two-sided picking model of M-AS/RS with an aisle-assignment algorithm[J]. International journal of production research, 2007, 45 (17): 3971-3990.

[27] 王转，贺文文. 基于订单资料分析的配送中心规划及应用[J]. 机械工程学报，2007，43（4）：173-177.

[28] GAGLIARDI J P, RENAUD J, RUIZ A. Models for automated storage and retrieval systems: a literature review[J]. International journal of production research, 2012, 50 (24): 7110-7125.

[29] MELLER R D, GAU K Y. The facility layout problem: recent and emerging trends and perspectives[J]. Journal of manufacturing systems, 1996, 15 (5): 351-366.

[30] HERAGU S S, DU L, MANTEL R J, et al. Mathematical model for warehouse design

and product allocation[J]. International journal of production research， 2005， 43（2）： 327-338.

[31] ROODBERGEN K J， VIS I F A. A model for warehouse layout[J]. IIE transactions， 2006， 38（10）： 799-811.

[32] VIS I F A， ROODBERGEN K J. Layout and control policies for cross docking operations [J]. Computers & industrial engineering， 2011， 61（4）： 911-919.

[33] ONUT S， TUZKAYA U R， DOGAC B. A particle swarm optimization algorithm for the multiple-level warehouse layout design problem[J]. Computers & industrial engineering， 2008， 54（4）： 783-799.

[34] ZHANG G Q， LAI K K. Tabu search approaches for the multi-level warehouse layout problem with adjacency constraints[J]. Engineering optimization， 2010， 42（8）： 775-790.

[35] BERGLUND P， BATTA R. Optimal placement of warehouse cross-aisles in a picker-to-part warehouse with class-based storage[J]. IIE transactions， 2012， 44（2）： 107-120.

[36] GUE K R， MELLER R D. Aisle configurations for unit-load warehouses[J]. IIE transactions， 2009， 41（3）： 171-182.

[37] CARDONA L F， RIVERA L， MARTINEZ H J. Analytical study of the fishbone warehouse layout[J]. International journal of logistics-research and applications， 2012， 15（6）： 365-388.

[38] GLOCK C H， GROSSE E H. Storage policies and order picking strategies in u-shaped order-picking sytems with a movable base[J]. International journal of production research， 2012， 50（16）： 4344-4357.

[39] LE-DUC T， DE KOSTER R. Layout optimization for class-based storage strategy warehouses[C]// Proceedings of Supply Chain Management-European Perspective. Supply Chain Management - European Perspective. Copenhagen： CBS Press， 2005： 191-214.

[40] PETERSEN C G. Considerations in order picking zone configuration[J]. International journal of operations & production management, 2002, 27 (7): 793–805.

[41] ACCORSI R, MANZINI R, BORTOLINI M. A hierarchical procedure for storage allocation and assignment within an order–picking system: a case study[J]. International journal of logistics–research and applications, 2012, 15 (6): 351–364.

[42] ANG M, LIM Y F, SIM M. Robust storage assignment in unit–load warehouses[J]. Management science, 2012, 58 (11): 2114–2130.

[43] FRAZELLE E H, SHARP G P. Correlated assignment strategy can improve any order picking operation[J]. Industrial engineering, 1989, 21 (4): 33–37.

[44] MUPPANI V R, ADIL G K. A branch and bound algorithm for class based storage location assignment[J]. European journal of operational research, 2008, 189 (2): 492–507.

[45] MUPPANI VR, ADIL GK. Class–based storage–location assignment to minimise pick travel distance[J]. International journal of logistics–research and applications, 2008, 11 (4): 247–265.

[46] LE–DUC T, DE KOSTER R. Travel distance estimation and storage zone optimization in a 2–block class–based storage strategy warehouse. International journal of production research, 2005b, 43 (17): 3561–3581.

[47] BERG J P, ZIJM W H M. Models forwarehousemanagement: classification and examples[J]. International journal of production economics, 1999, 59 (1–3): 519–528.

[48] MANZINI R, GAMBERI M, REGATTIERI A. Design and control of order picking systems[J]. International journal of operations & production management, 2005, 16 (1): 18–35.

[49] HAUSMAN W H, SCHWARZ L B, GRAVES S C. Optimal storage assignment in automatic warehousing systems[J]. Management science, 1976, 22 (6): 629–638.

[50] PETERSEN C G, AASE G R, HEISER D R. Improving order–picking performance through the implementation of class–based storage[J]. International journal of physical dis-

tribution & logistics management, 2004, 34 (7): 534–544.

[51] PARK B C, FOLEY R D, FRAZELLE E H. Performance of miniload systems with two-class storage[J]. European journal of operational research, 2006, 170 (1): 144–155.

[52] MANZINI R, GAMBERI M, PERSONA A, et al. Design of a class based storage picker to product order picking system[J]. International journal of advanced manufacturing technology, 2007, 32 (7–8): 811–821.

[53] YU YG, DEKOSTER R. Designing an optimal turnover–based storage rack for a 3D compact automated storage and retrieval system[J]. International journal of production research, 2009, 47 (6): 1551–1571.

[54] GAGLIARDI J P, RENAUD J, RUIZ A. On storage assignment policies for unit–load automated storage and retrieval systems[J]. International journal of production research, 2012, 50 (3): 879–892.

[55] YU Y G, DE KOSTER R. On the suboptimality of full turnover–based storage[J]. International journal of production research, 2013, 51 (6): 1635–1647.

[56] CHIANG D, LIN C P, CHEN M C. The adaptive approach for storage assignment by mining data of warehouse management system for distribution centres[J]. Enterprise information systems, 2011, 5 (2): 219–234.

[57] MANZINI R. Correlated storage assignment in an order picking system[J]. International journal of industrial engineering–theory applications and practice, 2006, 13 (4): 384–394.

[58] XIAO J, ZHENG L. A correlated storage location assignment problem in a single–block–multi–aisles warehouse considering BOM information[J]. International journal of production research, 2010, 48 (5): 1321–1338.

[59] 李英德，鲁建厦. 基于相关性的周期性货位优化的模型与算法[J]. 机械工程学报，2011，47（20）：75–80+88.

[60] 李英德，鲁建厦，潘国强. 穿越策略下考虑相关性的货位优化方法[J]. 浙江大学学报（工学版），2012，46（8）：1424–1430.

[61] CHEN L， LANGEVIN A， RIOPEL D. A tabu search algorithm for the relocation problem in a warehousing system[J]. International journal of production economics， 2011， 129（1）：147–156.

[62] MUPPANI V R， ADIL G K. Efficient formation of storage classes for warehouse storage location assignment： A simulated annealing approach[J]. Omega， 2008， 36（4）：609–618.

[63] 李梅娟．自动化仓储系统优化方法的研究[D].大连： 大连理工大学， 2008.

[64] PAN J C H， SHIH P H， WU M H. Order batching in a pick-and-pass warehousing system with group genetic algorithm[J]. Omega， 2015， 57， Part B：238 – 248.

[65] 李建斌， 杨光耀， 陈峰．零售业电子商务仓储中心货位指派问题研究[J]. 工业工程与管理， 2013，18（4）：102–108.

[66] 卢少平， 张贻弓， 吴耀华， 等．自动分拣系统并行分区拣选优化策略[J]. 深圳大学学报（理工版），2010， 27（1）：120–126.

[67] 沈长鹏．订单结构与拣选系统的适配问题研究[D].济南： 山东大学， 2011.

[68] 张贻弓．基于分区拣选策略的分拣机系统综合优化研究[D].济南： 山东大学， 2011.

[69] MELLEMA P M， SMITH C A. Simulation analysis of narrow-aisle order selection systems[C]. Proceedings of Proceedings of the 1988 Winter Simulation Conference， 1988， 597–602.

[70] JANE C C， LAIH Y W. A clustering algorithm for item assignment in a synchronized zone order picking system[J]. European journal of operational research， 2005， 166（2）：489–496.

[71] PARIKH P J， MELLER R D. Selecting between batch and zone order picking strategies in a distribution center[J]. Transportation research part e-logistics and transportation review， 2008， 44（5）：696–719.

[72] YU M， DE KOSTER R. The impact of order batching and picking area zoning on order picking system performance[J]. European journal of operational research， 2009b， 198（2）：480–490.

[73] 李晓春. 配送中心拣货作业设计与优化[D]. 广州：暨南大学，2009.

[74] PAN J C H，SHIH P H，WU M H，et al. A storage assignment heuristic method based on genetic algorithm for a pick-and-pass warehousing system[J]. Computers & industrial engineering，2015，81：1－13.

[75] ZHANG J，WANG X，HUANG K. Integrated on-line scheduling of order batching and delivery under B2C e-commerce[J]. Computers & industrial engineering，2016，94：280－289.

[76] CHOE K I，SHARP G. Small parts order picking：design and operation[J/OL].（1991-11-26）[2018-09-10]. https：//www2.isye.gatech.edu/~mgoetsch/cali/Logistics%20Tutorial/order/article.htm.

[77] GADEMANN A J R N，BERG J P，HOFF H H. An order batching algorithm for wave picking in a parallel-aisle warehouse[J]. IIE transactions，2001，33（5）：385-398.

[78] GADEMANN N，VELDE S. Order batching to minimize total travel time in a parallel-aisle warehouse[J]. IIE transactions，2005，37（1）：63-75.

[79] HO Y C，TSENG Y Y. A study on order-batching methods of order-picking in a distribution centre with two cross-aisles[J]. International journal of production research，2006，44（17）：3391-3417.

[80] HO Y C，SU T S，SHI Z B. Order-batching methods for an order-picking warehouse with two cross aisles[J]. Computers & industrial engineering，2008，55（2）：321-347.

[81] ELSAYED E A. Algorithms for optimal material handling in automatic warehousing systems[J]. International journal of production research，1981，19（5）：525-535.

[82] CLARKE G，WRIGHT W. Scheduling of vehicles from a central depot to a number of delivery points[J]. Operations research，1964，12：568-581.

[83] ELSAYED E A，UNAL O I. Order batching algorithms and travel-time estimation for automated storage / retrieval systems[J]. International journal of production research，1989，27：1097-1114.

[84] TANG L C，CHEW E P. Order picking systems：Batching and storage assignment strat-

egies[J]. Computers & industrial engineering, 1997, 33 (3-4): 817-820.

[85] CHEW E P, TANG L C. Travel time analysis for general item location assignment in a rectangular warehouse[J]. European journal of operational research, 1999, 112 (3): 582-597.

[86] HOU J L, WU Y J, YANG Y J. A model for storage arrangement and re-allocation for storage management operations[J]. International journal of computer integrated manufacturing, 2010, 23 (4): 369-390.

[87] MENÉNDEZ B, PARDO E G, ALONSO-AYUSO A, et al. Variable neighborhood search strategies for the order batching problem[J]. Computers & operations research, 2017, 78: 500 - 512.

[88] HSU C M, CHEN K Y, CHEN M C. Batching orders in warehouses by minimizing travel distance with genetic algorithms[J]. Computers in industry, 2005, 56 (2): 169-178.

[89] TSAI C Y, LIOU J J H, HUANG T M. Using a multiple-GA method to solve the batch picking problem: considering travel distance and order due time[J]. International journal of production research, 2008, 46 (22): 6533-6555.

[90] 王艳艳，吴耀华，孙国华，等. 配送中心分拣订单合批策略的研究[J]. 山东大学学报（工学版），2010，40（2）：43-46.

[91] HENN S, ESCHER G. Tabu search heuristics for the order batching problem in manual order picking systems[J]. European journal of operational research, 2012, 222 (3): 484-494.

[92] CHEN M C, HUANG C L, CHEN K Y, et al. Aggregation of orders in distribution centers using data mining[J]. Expert systems with applications, 2005, 28 (3): 453-460.

[93] HWANG H, KIM D G. Order-batching heuristics based on cluster analysis in a low-level picker-topart warehousing system[J]. International journal of production research, 2005, 43 (17): 3657-3670.

[94] CHEN M C， WU H P. An association-based clustering approach to order batching considering customer demand patterns[J]. Omega， 2005， 33（4）：333-343.

[95] MATUSIAK M， DE KOSTER R， KROON L， et al. A fast simulated annealing method for batching precedence-constrained customer orders in a warehouse[J]. European journal of operational research， 2014， 236（3）：968-977.

[96] LAM C， CHOY K L， HO G， et al. An order-picking operations system for managing the batching activities in a warehouse[J]. Intnational journal of systems science， 2014， 45（6SI）：1283-1295.

[97] WON J， OLAFSSON S. Joint order batching and order picking in warehouse operations [J]. International journal of production research， 2005， 43（7）：1427-1442.

[98] KULAK O， SAHIN Y， TANERME. Joint order batching and picker routing in single and multiple-crossaisle warehouses using cluster-based tabu search algorithms[J]. Flexible services and manufacturing journal， 2012， 24（1）：52-80.

[99] GROSSE E H， GLOCK C H， BALLESTER-RIPOLL R. A simulated annealing approach for the joint order batching and order picker routing problem with weight restrictions[J]. International journal of operations and quantitative management， 2014， 20（2）：65-83.

[100] CHENG C Y， CHEN Y Y， CHEN T L， et al. Using a hybrid approach based on the particle swarm optimization and ant colony optimization to solve a joint order batching and picker routing problem[J]. International journal of production economics， 2015， 170， Part C（SI）：805 - 814.

[101] LIN C C， KANG J R， HOU C C， et al. Joint order batching and picker Manhattan routing problem[J]. Computers & industrial engineering， 2016， 95：164 - 174.

[102] HSIEH L F， HUANG Y C. New batch construction heuristics to optimise the performance of order picking systems[J]. International journal of production economics， 2011， 131（2）：618-630.

[103] HENN S， SCHMID V. Metaheuristics for order batching and sequencing in manual or-

der picking systems[J]. Computers & industrial engineing， 2013， 66（2）：338–351.

[104] HONG S， JOHNSON A L， PETERS B A. Order batching in a bucket brigade order picking system considering picker blocking[J]. Flexible services and manufacturing journal， 2016， 28（3）：425–441.

[105] CHEN F， WANG H， QI C， et al. An Ant Colony Optimization Routing Algorithm for Two Order Pickers with Congestion Consideration[J]. Computers & industrial engineering， 2013， 66（1）：77–85.

[106] 陈方宇， 王红卫， 祁超， 等. 考虑多拣货员堵塞的仓库拣选路径算法[J]. 系统工程学报， 2013，28（05）：581–591.

[107] CHEN F，WANG H， XIE Y， et al. An ACO–based online routing method for multiple order pickers with congestion consideration in warehouse[J]. Journal of intelligent manufacturing， 2016， 27（2）：389–408.

[108] LU W， MCFARLANE D， GIANNIKAS V， et al. An algorithm for dynamic order–picking in warehouse operations[J]. European journal of operational research， 2016， 248（1）：107 – 122.

[109] SCHOLZ A， HENN S， STUHLMANN M， et al. A new mathematical programming formulation for the Single–Picker Routing Problem[J]. European journal of operational research， 2016， 253（1）：68 – 84.

[110] GOETCHSLCKX M， ASHAYERI J. Classification and design of order picking systems [J]. Logistical world，1989， 6：99–106.

[111] DEKKER R， DE KOSTER R， ROODBERGEN K J， et al. Improving order–picking response time at Ankor’s warehouse[J]. Interfaces， 2004， 34（4）：303–312.

[112] BARTHOLDI J J， HACKMAN S T. Warehouse & distribution science： release 0.98 [M/OL].（2011–01–01）[2018–09–10]. https：//www2.isye.gatech.edu/~jjb/wh/book/editions/wh–sci–0.98.pdf.

[113] JARVIS J M， MCDOWELL E D. Optimal product layout in an order picking warehouse [J]. IIE transactions，1991， 23（1）：93–102.

[114] PETERSEN C G, AASE G. A comparison of picking, storage, and routing policies in manual order picking[J]. International journal of production economics, 2004, 92 (1): 11-19.

[115] RATLIFF H D, ROSENTHAL A S. Order-picking in a rectangular warehouse: a solvable case of the traveling salesman problem[J]. Operations research, 1983, 31 (3): 507-521.

[116] ROODBERGEN K J, DE KOSTER R. Routing methods for warehouses with multiple cross aisles[J]. International journal of production research, 2001, 39 (9): 1865-1883.

[117] ROODBERGEN K J, DE KOSTER R. Routing order pickers in a warehouse with a middle aisle[J]. European journal of operational research, 2001, 133 (1): 32-43.

[118] 郑欢. 自动化立体仓库路径优化问题研究[D]. 长春: 吉林大学, 2006.

[119] 陈夺. 自动化立体仓库货位优化和堆垛机路径优化的研究[D]. 沈阳: 沈阳大学, 2012.

[120] HALL R W. Distance approximations for routing manual pickers in a warehouse[J]. IIE transactions, 1993, 25 (4): 76-87.

[121] ROODBERGEN K J. Layout and routing methods for warehouses[D]. Rotterdam, the netherlands: rotterdam school of management erasmus university, 2001.

[122] LIN S, KERNIGHAN B W. An effective heuristic algorithm for the traveling-salesman problem[J]. Operations research, 1973, 21 (2): 498-516.

[123] MAKRIS P A, GIAKOUMAKIS I GK. Interchange heuristic as an optimization procedure for material handling applications[J]. Applied mathematical modelling, 2003, 27 (5): 345 - 358.

[124] THEYS C, BR¨AYSY O, DULLAERT W, et al. Using a TSP heuristic for routing order pickers in warehouses[J]. European journal of operational research, 2010, 200 (3): 755-763.

[125] BINDI F, MANZINI R, PARESCHI A, et al. Similarity-based storage allocation

rules in an order picking system: an application to the food service industry[J]. International journal of logistics-research and applications, 2009, 12 (4): 233-247.

[126] CHAN F, CHAN H K. Improving the productivity of order picking of a manual-pick and multi-level rack distribution warehouse through the implementation of class-based storage[J]. Expert systems with applications, 2011, 38 (3): 2686-2700.

[127] PETERSEN C G. The impact of routing and storage policies on warehouse efficiency[J]. International journal of operations & production management, 1999, 19 (10): 1053-1064.

[128] CARON F, MARCHET G, PEREGO A. Routing policies and COI-based storage policies in picker-to-part systems[J]. International journal of production research, 1998, 36 (3): 713-732.

[129] ROODBERGEN K J, SHARP G P, VIS I F A. Designing the layout structure of manual order picking areas in warehouses[J]. IIE transactions, 2008, 40 (11): 1032-1045.

[130] DE KOSTER R, THO L, ZAERPOUR N. Determining the number of zones in a pick-and-sort order picking system[J]. International journal of production research, 2012, 50 (3): 757-771.

[131] DE KOSTER R, VAN DER POORT E S, WOLTERS M. Efficient orderbatching methods in warehouses[J]. International journal of production research, 1999, 37 (7): 1479-1504.

[132] BOTTANI E, CECCONI M, VIGNALI G, et al. Optimisation of storage allocation in order picking operations through a genetic algorithm[J]. International journal of logistics-research and applications, 2012, 15 (2): 127-146.

[133] 周丽, 朱杰, 郭键. 分类存储返回型与S型拣选路径随机模型的比较研究[J]. 系统科学与数学, 2011, 31 (08): 921-931.

[134] 朱杰, 郭键, 周丽. 随机存储下返回型与S型拣选路径随机模型的比较研究[J]. 系统仿真学报, 2011, 23 (02): 223-227.

[135] 朱杰，周丽，郭键. 分类存储人工拣选随机服务系统效率研究[J]. 管理科学学报，2012，15（02）：59–71.

[136] GU J X， GOETSCHALCKX M， MCGINNIS L F. Research on warehouse operation: A comprehensive review[J]. European journal of operational research，2007，177（1）：1–21.

[137] DE KOSTER R， YU M. Makespan minimization at Aalsmeer flower auction[C]. Proceedings of 9th International Material Handling Research Colloquium， Salt Lake City， Utah， 2006.

[138] PAN J C H， SHIH P H. Evaluation of the throughput of a multiple–picker order picking system with congestion consideration[J]. Computers & industrial engineering，2008，55（2）：379–389.

[139] PAN J C H，WU M H. Throughput analysis for order picking system with multiple pickers and aisle congestion considerations[J]. Computers & operations research，2012，39（7）：1661–1672.

[140] PAN J C H， SHIH P H， WU M H. Storage assignment problem with travel distance and blocking considerations for a picker–to–part order picking system[J]. Computers & industrial engineering，2012，62（2）：527–535.

[141] HONG S， JOHNSON A L， PETERS B A. Batch picking in narrow–aisle order picking systems with consideration for picker blocking[J]. European journal of operational research，2012，221（3）：557–570.

[142] HONG S， JOHNSON A L， PETERS B A. Large–scale order batching in parallel–aisle picking systems[J]. IIE transactions，2012，44（2）：88–106.

[143] LE–DUC T. Design and control of efficient order picking processes[D]. Rotterdam， The Netherlands： Erasmus Resarch Institute of Management， RSM Erasmus University， 2005.

[144] LE–DUC T， DE KOSTER R. Travel time estimation and order batching in a 2–block warehouse[J]. European journal of operational research，2007，176（1）：374–388.

[145] BUKCHIN Y， KHMELNITSKY E， YAKUEL P. Optimizing a dynamic order-picking process[J]. European journal of operational research， 2012， 219（2）：335–346.

[146] VAN NIEUWENHUYSE I， DE KOSTER R B M. Evaluating order throughput time in 2-block warehouses with time window batching[J]. International journal of production economics， 2009， 121（2）：654–664.

[147] GONG Y M， DE KOSTER R. A polling-based dynamic order picking system for online retailers[J]. IIE transactions， 2008， 40（11）：1070–1082.

[148] HENN S. Algorithms for on-line order batching in an order picking warehouse[J]. Computers & operations research， 2012， 39（11）：2549–2563.

[149] LI J， HUANG R， DAI J B. Joint optimisation of order batching and picker routing in the online retailer' s warehouse in China[J]. International journal of production research， 2017， 55（2）：447–461.

[150] XU X H， LIU T， LI K P， et al. Evaluating order throughput time with variable time window batching[J]. Intnational journal of production research， 2014， 52（8）：2232–2242.

[151] CHEN T L， CHENG C Y， CHEN Y Y， et al. An efficient hybrid algorithm for integrated order batching， sequencing and routing problem[J]. International journal of production economics， 2015， 159（SI）：158–167.

[152] HONG S， KIM Y. A route-selecting order batching model with the S-shape routes in a parallel-aisle order picking system[J]. European journal of operational research， 2017， 257（1）：185 - 196.

[153] PÉREZ-RODRÍGUEZ R， HERNÁNDEZ-AGUIRRE A， J·ONS S. A continuous estimation of distribution algorithm for the online order-batching problem[J]. International journal of advanced manufacturing technology， 2015， 79（1-4）：569–588.

[154] RUBEN R A， JACOBS F. Batch construction heuristics and storage assignment strategies for walk/ride and picking systems[J]. Management science， 1999， 45（4）：575–596.

[155] GUE K R， IVANOVIC G， MELLER R D. A unit-load warehouse with multiple pick-up and deposit points and non-traditional aisles[J]. Transportation research part e-logistics and transportation review，2012， 48（4）：795-806.

[156] POHL L M， MELLER R D， GUE K R. Turnover-based storage in non-traditional unit-load warehouse designs[J]. IIE transactions， 2011， 43（10）：703-720.

[157] 蒋美仙， 冯定忠， 赵晏林， 等. 基于改进Fishbone的物流仓库布局优化[J]. 系统工程理论与实践，2013， 33（11）：2920-2929.

[158] DE KOSTER R， VAN DER POORT E S. Routing orderpickers in a warehouse： a comparison between optimal and heuristic solutions[J]. IIE transactions， 1998， 30（5）：469-480.

[159] PETERSEN C G. An evaluation of order picking routeing policies[J]. International journal of operations & production management， 1997， 17（11）：1098-1111.

[160] 陈伊菲， 刘军. 仓储拣选作业路径VRP模型设计与应用[J]. 计算机工程与应用，2006， 42（6）：209-212.

[161] 常发亮， 刘增晓， 辛征， 等. 自动化立体仓库拣选作业路径优化问题研究[J]. 系统工程理论与实践， 2007， 27（2）：139-143.

[162] 庞龙， 陆金桂. 基于蚁群遗传算法的自动化立体仓库拣选路径优化[J]. 计算机工程与科学，2012， 34（3）：148-151.

[163] 原秀晶. 基于遗传算法的自动化立体仓库优化调度研究[D]. 沈阳： 东北大学，2010.

[164] 王敏. 自动化立体仓库固定货架堆垛机拣选路径优化方法研究[D]. 长春：吉林大学， 2007.

[165] PARIKH P J， MELLER R D. A travel-time model for a person-onboard order picking system[J]. European journal of operational research， 2010， 200（2）：385-394.

[166] CARON F， MARCHET G， PEREGO A. Optimal layout in low-level picker-to-part systems[J]. International journal of production research， 2000， 38（1）：101-117.

[167] VAUGHAN T S， PETERSEN C G. The effect of warehouse cross aisles on order picking

efficiency[J]. International journal of production research, 1999, 37（4）: 881-897.

[168] HU K Y, CHANG T H, FU H P, et al. Improvement order picking in mobile storage systems with a middle cross aisle[J]. International journal of production research, 2009, 47（4）: 1089-1104.

[169] 白寅. 基于偏离度的仓库拣货路径优化方法及应用[D]. 武汉：华中科技大学，2012.

[170] 陈昕. 基于ArcGIS的仓库可视化及拣货路径优化[D]. 武汉：华中科技大学，2009.

[171] CHOW H K H, CHOY K L, LEE W B, et al. Design of a RFID case-based resource management system for warehouse operations[J]. Expert systems with applications, 2006, 30（4）: 561-576.

[172] CHOW H K H, CHOY K L, LEE W B. A dynamic logistics process knowledge-based system - An RFID multi-agent approach[J]. Knowledge-based systems, 2007, 20（4）: 357-372.

[173] WANG H W, CHEN S, XIE Y. An RFID-based digital warehouse management system in the tobacco industry: a case study[J]. International journal of production research, 2010, 48（9）: 2513-2548.

[174] 樊明，郭艺，贠超，等. 基于自适应混合算法的智能存取系统动态路径规划[J]. 系统仿真学报，2013，25（7）：1543-1548.

[175] 王宏，符卓，左武. 基于遗传算法的双区型仓库拣货路径优化研究[J]. 计算机工程与应用，2009，45（6）：224-228.

[176] DORIGO M, GAMBARDELLA L M. Ant colonies for the travelling salesman problem [J]. Biosystems, 1997, 43（2）: 73-81.

[177] BELL J E, MCMULLEN P R. Ant colony optimization techniques for the vehicle routing problem[J]. Advanced engineering informatics, 2004, 18（1）: 41-48.

[178] 方彦军，谢宜净. 基于MMAS算法的计量检定中心仓储堆垛机拣选路径优化[J]. 武汉大学学报（工学版），2013，46（05）：645-648，658.

[179] GHAFURIAN S, JAVADIAN N. An ant colony algorithm for solving fixed destination

multi-depot multiple traveling salesmen problems[J]. Applied soft computing, 2011, 11 (1): 1256-1262.

[180] MUSA R, ARNAOUT J P, JUNG H. Ant colony optimization algorithm to solve for the transportation problem of cross-docking network[J]. Computers & industrial engineering, 2010, 59 (1): 85-92.

[181] HU K Y, CHANG T S. An innovative automated storage and retrieval system for B2C e-commerce logistics[J]. International journal of advanced manufacturing technology, 2010, 48 (1-4): 297-305.

[182] NETO R F T, FILHO M. A software model to prototype ant colony optimization algorithms[J]. Expert systems with applications, 2011, 38 (1): 249-259.

[183] UGUR A, AYDIN D. An interactive simulation and analysis software for solving TSP using Ant Colony Optimization algorithms[J]. Advances in engineering software, 2009, 40 (5): 341-349.

[184] XIAO J, ZHENG L. Correlated storage assignment to minimize zone visits for BOM picking[J]. International journal of advanced manufacturing technology, 2012, 61 (5-8): 797-807.

[185] ENE S, O¨ ZTU¨RK N. Storage location assignment and order picking optimization in the automotive industry[J]. International journal of advanced manufacturing technology, 2012, 60 (5-8): 787-797.

[186] GIBSON D R, SHARP G P. Order batching procedures[J]. European journal of operational research, 1992, 58 (1): 57-67.

[187] PAN C H, LIU S Y. A comparative study of order batching algorithms[J]. Omega, 1995, 23 (6): 691-700.

[188] 马士华，文坚. 基于时间延迟的订单分批策略研究[J]. 工业工程与管理，2004，9 (6): 1-4.

[189] 吴颖颖，吴耀华. 基于并行拣选的自动拣选系统订单拆分优化[J]. 计算机集成制造系统，2012，18 (10): 2264-2272.

[190] 张贻弓，吴耀华. 基于并行拣选策略的自动拣选系统品项分配[J]. 计算机集成制造系统，2010，16（08）：1720–1725.

[191] 王艳艳，吴耀华，吴颖颖. 并行自动拣选系统品项拣选量拆分优化[J]. 机械工程学报，2013，49（16）：177–184.

[192] 吴颖颖. 分区自动拣选系统拣选策略优化研究[D]. 济南：山东大学，2012.

[193] GROSSE E H，GLOCK C H，JABER M Y，et al. Incorporating human factors in order picking planning models：framework and research opportunities[J]. International journal of production research，2015，53（3）：695–717.

[194] ELBERT R M，FRANZKE T，GLOCK C H，et al. The effects of human behavior on the efficiency of routing policies in order picking：the case of route deviations[J]. Computers & industrial engineering，2016，http：//dx.doi.org/10.1016/j.cie.2016.11.033.

附　　录

附录1　S-Shape下绿区判定规则伪代码

```
Begin
Order picker.Green Area.initialization（）          //Initialize the Green Area
                                                      of an order picker
Initial aisle=PA1;
Bool get_initial_aisle=false;
For（i=1; i≤number of pick aisles）
{
For（j=1; j≤number of blocks）
{
      If（Si of Bj contains picks）
      {
          Initial aisle=PAi;
          get_initial_aisle=true;
          Break;
       }
```

```
}
If （get_initial_aisle）
{
      Break;
}
}
If PAt= initial aisle Then                    //target pick in the initial aisle
i=1;
Do { j=index of （PAt）；                      //j means the index of pick aisle or
                                               subaisle
    If Bi<Bt Then                              //Bi means a block with index i
         SjGreen Area;
    Else  If Bi=Bt Then
         k=index of （Pt）；
         Do { Pk∈Green  Area;                 //Pk means a storage position in
                                               subaisle with index k
             k++;
         }
         While（k≤length of subaisle）
    Else Then
         Sj∈Green Area;
    j=index of （PAt）+1;                      // PAj=PAt+1
   Do { PAj∈Green Area;
        j++; }
   While（PAj≤number of pick aisles）
```

```
    i++;
}
While（i≤number of blocks）
Else                                        //target pick not in the initial aisle
i=1;
Do { If （Bi<Bt） Then
          j=index of（initial aisle）+1;
          Do {Sj∈Green Area;
               j++;
          }
          While（j≤number of pick aisles）
     Else If （Bi=Bt） Then
          j=index of（PAt）;
          If （order picker enters PAt from front entrance） Then
               k=index of （Pt）;
               Do { Pk∈Green Area;
                         k++;
               }
               While（k≤length of subaisle）
            Else Then
               k=index of （Pt）;
               Do { Pk∈Green Area;
                  k--;
               }
               While（k≥1）
```

```
            If (order picker moves from left to right) Then
                j++;
                Do { Sj∈Green Area;
                        j++;
                }
                While (j number of pick aisles)
            Else Then
                j--;
                Do { Sj∈Green Area;
                        j--;
                }
                While (j≥1)
        i++;
}
While (i≤index of (Bt) )
End
```

附录2 Largest Gap下绿区判定规则伪代码

```
Begin
Order picker.Green Area.initialization ()        //Initialize the Green Area
                                                    of an order picker
Initial aisle=PA1 ;
Bool get_initial_aisle=false;
For (i=1;i≤number of pick aisles)
```

```
{
    For（j=1; j≤number of blocks）
    {
        If（Si of Bi contains picks ）
        {
            Initial aisle=PAi;
            get_initial_aisle=true;
            Break;
        }
    }
    If （get_initial_aisle）
    {
        Break;
    }
    }
    If PAt= initial aisle Then                //target pick in the initial aisle
    i=1;
    Do { j=index of（PAt）;
        If Bi<Bt Then
            Sj∈Green Area;
        Else if Bi=Bt Then
            k=index of（Pt）;
            Do { Pk∈Green Area;
                k++;
            }
```

```
        While (k≤length of subaisle)
    Else Then
        Sj∈Green Area;
    j=index of (PAt) +1;                  // PAj=PAt+1
    Do {PAt∈Green Area;
        j++; }
    While (PAj≤number of pick aisles)
    i++;
}
While (i≤number of block)
Else Then                                 //target pick not in the initial aisle
i=1;
Do { If (Bi<Bt) Then
        j=index of (initial aisle) +1;
        Do {Sj∈Green Area;
            j++;
        }
        While (j≤number of pick aisles)
    Else If (Bi=Bt) Then
        If (order picker moves from left to right) Then
            j=index of (initial aisle) +1;
            Do { If (Sj<St) Then
                    If (Sj has items to pick) Then
                        k=1;
```

```
                Do { Pk∈Green Area;
                     k++;
                }
            While (k≤index of (largest gap lower
bound) )
              Else Then
                  k=1;
                  Do { Pk∈Green Area;
                       k++;
                  }
           While (k≤index of (midpoint of subaisle) )
      Else If (Sj=St) Then
           If (St is the first subaisle with picks in Bt)
Then
              k=index of (Pt) ;
              Do { Pk∈Green Area;
                   k++;
              }
              While (k≤length of subaisle)
         If (St is the last subaisle with picks in Bt) Then
              k=index of (Pt) ;
              Do { Pk∈Green Area;
                   k--;
              }
              While (k≥1)
```

```
                    Else Then
                        k=1;
                        Do { Pk∈Green Area;
                            k++;
                        }
                    While（k≥index of（largest gap lower
                            bound））
                      k=index of（Pt）;
                      Do { Pk∈Green Area;
                          k--;
                      }
                    While（k≥index of（largest gap upper
                            bound））
                     Else Then
                    If （St is not the last subaisle with picks
                           in Bt） Then
                               Sj∈Green Area;
      }
      While（j≤number of pick aisles）
Else Then
    j=index of （initial aisle）+1;
    Do { If （Sj<St） Then
             If （Sj has items to pick） Then
                 k=1;
                 Do {Pk∈Green Area;
```

```
                    k++;
                }
            While（k≤index of（largest gap lower bound））
            Else Then
                k=1;
                Do {Pk∈Green Area;
                    k++;
                }
                While（k≥index of（midpoint of subaisle））
        Else Then
            k=index of（Pt）;
            Do { Pk∈Green Area;
                k++;
            }
            While（k≤index of（largest gap lower bound））
        }
        While（j≥index of（St））
    i++;
}
While（i≥index of（Bt））
End
```